O despertar do Amor Sistêmico

Este livro segue o Novo Acordo Ortográfico de 1990.

Este texto é de responsabilidade do autor e não reflete necessariamente a opinião da Maquinaria Sankto Editora e Distribuidora LTDA.

Diretora-executiva
Renata Sturm

Diretor Financeiro
Guther Faggion

Diretor Comercial
Nilson Roberto da Silva

Administração
Alberto Balbino

Editor
Pedro Aranha

Redação
Vanessa Nagayoshi

Preparação
Nicolly do Vale

Direção de Arte
Rafael Bersi

Marketing e Comunicação
Matheus da Costa, Rafaela Blanco

DADOS INTERNACIONAIS DE CATALOGAÇÃO NA PUBLICAÇÃO (CIP)
ANGÉLICA ILACQUA – CRB-8/7057

Lyberato, Ingra

O despertar do Amor Sistêmico : uma nova consciência através da Arte, da Constelação Familiar e do Xamanismo / Ingra Lyberato. -- São Paulo : Maquinaria Sankto Editora e Distribuidora Ltda, 2024.

288 p.

ISBN 978-85-9448-457-4

1. Espiritualidade 2. Constelações familiares I. Título

24-5447 CDD 158.1

ÍNDICE PARA CATÁLOGO SISTEMÁTICO:

1. Espiritualidade

maquinaria EDITORIAL

Rua Pedro de Toledo, 129 – Sala 104
Vila Clementino – São Paulo – SP, CEP: 04039-030
www.mqnr.com.br

INGRA LYBERATO

O despertar do Amor Sistêmico

Uma nova consciência através da Arte, da Constelação Familiar e do Xamanismo

mqnr

Sumário

Reverência

Este livro é um ato de retribuição a tudo o que a Vida tem me dado, desde o ofício de atriz com as inúmeras histórias vividas de corpo e alma, que me trouxeram profundos aprendizados, passando pelo processo libertador da escrita até as diversas abordagens terapêuticas que hoje tenho a honra e a responsabilidade de poder oferecer.

Nasci de pai e mãe artistas, cujos olhares para o mundo sempre estiveram grávidos de realizações coletivas, onde todos eram vistos e valorizados. Quando pequena, com olhos curiosos para uma casa cheia de artistas influentes, não achava que tinha talento para alguma coisa, mas meus pais eram tão bons em demonstrar confiança na capacidade de cada um que acabei me convencendo de que podia desenvolver algo original. Todos nós podemos.

Descobri que cada pessoa tem em si um jardim de infinitas flores esperando uma gota de permissão para florescer. Então, ainda jovem eu disse sim para os primeiros anseios do meu coração. Abracei o legado da Arte e rompi com fronteiras internas e externas.

Quando conheci a Constelação Familiar, em 1996, me senti em casa. A Visão Sistêmica, a Fenomenologia e as Ordens do Amor me remeteram ao quintal da casa onde cresci. Ali era fácil observar que todos faziam parte de um corpo maior e os fenômenos naturais e psíquicos aconteciam o tempo todo. Um portal de liberdade imaginativa onde o universo onírico dos sonhos e das vivências artísticas se misturavam.

As abordagens terapêuticas holísticas podem parecer incompreensíveis para quem vive na artificialidade do concreto ou percebe o mundo pela perspectiva materialista de separação. Mas, para quem sente o sol, a lua, as árvores, montanhas e rios como uma extensão de si, é absolutamente natural que a família de origem seja como uma teia de inter-relações onde as gerações se afetam mutuamente.

Precisei passar por todos os processos durante décadas para incorporar e trazer algo genuíno e que não está concluído, mas em expansão. Desse modo, o relato traz a difícil tarefa de encontrar na racionalidade recursos para descrever o que está além dela. Portanto, começo dialogando com sua mente e, aos poucos, busco tocar seu coração. Me comunicar com sua alma.

A Arte consciente de seu aspecto espiritual, o método fenomenológico e o Xamanismo são resgates de práticas antigas que promovem o despertar da consciência e apontam para o futuro. Desse modo, o conteúdo desse livro representa bases de decolagem para ampliação da sua visão sobre a vida. Daqui você pode traçar sua própria jornada contando com seus recursos pessoais e ancestrais e se permitindo fazer parte da construção coletiva de um mundo iluminado pelo Amor Sistêmico.

Reverencio os povos originários que com seus ritos sagrados têm sido guardiões de uma espiritualidade natural e direta com a Fonte Criadora. Reverencio Bert Hellinger por sua entrega incondicional ao estudo da natureza humana e suas descobertas libertadoras acerca dos fenômenos psíquicos. Reverencio também seus mestres, companheiros e sucessores. Agora somos nós os herdeiros e desenvolvedores de uma nova ciência.

Reverencio o conhecimento da biologia, da psicologia, das ciências do corpo e da alma por serem fundamento para a elaboração de alguns termos e conceitos que precisei incorporar para trazer clareza. O assunto é complexo e novo para a maioria, mas o intuito é que todas as pessoas sensíveis ao chamado da alma possam entender essa cosmovisão evolucionária capaz de revelar o extraordinário no mundo ordinário que conhecemos.

Reverencio meus ancestrais, que são a origem da força para minha caminhada.

Reverencio meus pais, Chico e Alba, que me revelaram o portal de transcendência e autotransformação através da Arte.

E agradeço ao meu filho Guilherme, fonte inesgotável de inspiração para minha determinação em crescer na direção de uma consciência maior.

Acima de tudo, reverencio e agradeço à Luz que me guia revelando caminhos novos, que sigo nutrida pela confiança de sua bênção e proteção.

À força luminosa que nos rege, Deus.

> *"A morada do meu pai é no coração do mundo, aonde existe todo amor e tem um segredo profundo. Esse segredo profundo está em toda humanidade, se todos se conhecerem aqui dentro da Verdade."* — Hino de Mestre Raimundo Irineu Serra

Prólogo

> *"O amor é uma força, uma energia, que se manifesta na alma como um sentimento de lembrança de algo que a alma já teve, mas perdeu."* — Platão

Alguma vez na vida você já ouviu, do fundo do seu coração, um sussurro que parecia conter um grito de dor sufocado, preso, ignorado? Como se uma parte sua estivesse sangrando enquanto você se distrai com as coisas do mundo?

Alguma vez já sentiu sua existência como água escorrendo entre os dedos, se transformando o tempo todo? E por mais que você alcance vitórias e marque pontos no jogo da vida, a estabilidade emocional nunca chega? Você jamais encontra o conforto e a inteireza que o mundo te promete?

Aos 45 anos comecei a ter essas reflexões. Eu sentia como se estivesse aos 45 minutos do segundo tempo, na reta final do jogo. Uma voz surgia de um lugar que eu ainda não conhecia e me contava sobre a derradeira chance de despertar antes de colocar tudo a perder — antes de desperdiçar mais uma existência com a alienação que nos desvia do caminho real.

Nessa época eu vivia um dos momentos mais sombrios da minha vida e, por isso mesmo, continha a semente da sabedoria, o impulso para o despertar da ilusão do sofrimento. Eu havia acabado de me separar fisicamente das pessoas mais importantes da minha vida e, seguindo a doutrina hedonista da vida moderna — que prioriza as experiências imediatas de prazer para evitar a dor —, eu me encontrava em profunda solidão e falta de sentido existencial.

A seta na minha mente apontava para a direção oposta àquela que nos leva ao autoconhecimento. Eu fugia de tudo o que me incomodava, evitando encarar minha incapacidade de lidar com a imaturidade ou a falta de visão. A dor interna era tanta que só conseguia dormir com remédios. A alma estava em agonia. Não havia paz mental para colocar a cabeça no travesseiro e pegar no sono. Precisava me anestesiar, pausar as dores que eu insistia em não ver.

O buraco era tão fundo que felizmente um sussurro emergiu do silêncio, transformando-se em grito no meu coração. Então busquei uma experiência que fosse extraordinária para mim e que causasse o impacto necessário para me acordar do sono coletivo ao qual estava submetida. Eu sabia que uma experiência leve não me despertaria; precisava sentir a mão de Deus me sacudindo com firmeza, como um pai que chacoalha a filha até trazê-la de volta à vida real.

Foi através de um trabalho xamânico que fui resgatada do umbral da mente coletiva. Existem caminhos mais suaves, mas eu precisava de uma vivência radical para pessoas que estão em sono profundo, que perderam a sensibilidade espiritual devido à autoagressão inconsciente, muitas vezes imposta na aceitação de relacionamentos tóxicos, sem perceber que estão se afastando gradualmente de si mesmas. Atraídas por expectativas infantis, entram com suas próprias pernas no calabouço da autodestruição.

Ao longo do livro, contarei mais sobre experiências que me transformaram profundamente e me fizeram renascer através de percepções impactantes diante das quais eu jamais poderia permanecer a mesma pessoa. Nessas ocasiões, podia ver e sentir a roda da vida como um looping de repetições infinitas, sempre iguais na essência, como se fôssemos ratinhos correndo em uma roda giratória sem sair do lugar.

Diante disso, uma pergunta surgiu como um ultimato: até quando você vai viver a mesma vida sem cumprir seu propósito?

Quando você realmente escuta essa pergunta, sua existência muda de direção. Afinal, alcançar o florescimento na vida exige um tempo precioso de trabalho pessoal e coletivo.

O início da jornada épica

Para nascer, precisamos de um encontro entre um homem, o pai, e uma mulher, que também será o corpo portal, a mãe. É necessário que duas pessoas se atraiam para gerar uma nova vida e que você, como consciência, tenha a licença de ser o próximo a encarnar, ocupando o corpo concebido pela união das células dos dois que, nesta existência, produzem espermatozoides e o óvulo a ser fecundado.

Esse encontro é sagrado e tem significados profundos para a alma de quem vai nascer. Existem aspectos diferentes e complementares na dimensão espiritual e material, mas vamos ficar na abordagem física, pois estamos falando apenas de um encontro de corpos, gerando um terceiro ser. É a partir da fecundação que o enredo dessa história começa a ganhar tons de jornada épica.

No instante da concepção, inicia-se a multiplicação celular daquilo que ainda não podemos chamar de *você*, e toda a tecnologia da natureza começa a trabalhar para que isso se desenvolva e se torne de fato uma pessoa, um bebê, alguém capaz de permanecer na vida. Muitos não vão adiante, não se fixam no útero, não conseguem transpor algum desafio ou são absorvidos pelo corpo de um irmão gemelar devido a alguma dificuldade durante a gravidez, o que é bem comum.

Se tudo der certo, o corpo de sua genitora permanece em gestação por até 9 meses e, durante esse processo, você vai se nutrir das dores e alegrias, do corpo e da alma de sua mãe, para então enfrentar a experiência radical do nascimento. Depois, você vai ter que sobreviver à infância, atravessar a adolescência, enquanto suas dores e potências ancestrais, pessoais e espirituais são ativadas. O processo é extremamente complexo até que você tenha discernimento e capacidade para realizar algo que faça diferença, que seja a sua contribuição, a sua pegada na Terra, a validação da sua existência.

Então, vamos pensar juntos: se estamos aqui para florescer nossos dons e os medos ocultos bloqueiam o processo, é inteligente adiar o encontro com nossas profundezas? É uma boa opção passar a vida fugindo da própria sombra, sem permitir que os temores se revelem para que sejam transformados em força e despertem nossas potencialidades?

Mesmo que seja apenas uma pessoa te olhando com brilho nos olhos — um filho, uma aluna, um vizinho, uma colega de trabalho —, se você perceber seu reflexo colorido e luminoso na tela da vida, então está fazendo valer o esforço conjunto entre você e a Mãe Natureza para estar aqui.

Consciência do processo

Tenho morrido e renascido inúmeras vezes e, a cada experiência de metamorfose, me transformo a ponto de me surpreender com a pessoa que surge dentro de mim. Cada passo em um novo sentido revela hoje uma distância enorme do lugar que estaria se tivesse mantido a direção anterior, antes de conhecer meu destino. Quando falo em destino quero dizer exatamente isso: um caminho traçado, uma missão, um propósito pessoal que só pode ser ativado após um mergulho profundo nas questões ancestrais e espirituais. Vamos desvendar esses conhecimentos ao longo da nossa caminhada.

Eu já cumpria com disciplina alguns processos de estudo, mas sentia que precisava de uma palavra ordenadora que ainda não tinha chegado. Então, pedi aos céus que me mandassem alguém que pudesse me dizer algo sobre minha própria jornada, a partir de uma ciência exata. Fui ouvida. O universo trouxe Marco Pucci, um numerólogo que me recebeu dizendo assim: *Quero que sua vida se transforme completamente quando você cruzar aquela porta de saída, depois da nossa conversa.*

Hoje, ele me diz que não lembra dessa fala, mas para mim é a coisa mais vívida daquele dia. Quer dizer, essa mensagem foi uma percepção minha que atingiu o coração como uma flecha de cupido. Na primeira de muitas consultas, ele me revelou o significado do meu número de destino e isso alinhou minha vida para sempre. O novo sentido se apresentou com tanta certeza que, a partir dali, cada passo foi dado com firmeza em direção ao Amor. Era como se até então eu estivesse negando a força amorosa que já existia em mim e, de repente, desbloqueei o coração para que ela pudesse fluir como uma fonte divina de cura.

Portanto, se você percebe essa inquietação genuína em busca de significados, como se houvesse alguém acenando para você no fim da curva, vamos juntos na maior aventura da vida: o autoconhecimento.

Depois de tantas experiências transformadoras, me sinto abençoada por poder pegar na sua mão e te levar pelos caminhos sagrados que percorri e continuo percorrendo. Já posso assumir esse lugar com confiança no Plano Maior. É Ele que me guia agora, revelando verdades que trago como pérolas para te entregar.

Esse avanço de forma alguma me torna melhor ou superior às outras pessoas, mas traz um aspecto fundamental capaz de validar o trajeto que antes eu fazia de olhos vendados: consciência do processo. Hoje em dia, a vida ao meu redor pode estar sendo remexida violentamente, mas não me perco no caos. Observo o desenrolar dos fatos com um certo distanciamento emocional e atuo na hora certa para transformar, buscando me manter no meu centro de equilíbrio.

O fato é que a jornada da vida precisa ser feita na consciência. Se estamos adormecidos, de nada adianta. Precisaremos voltar de novo e de novo até acordar. Diante disso, parece sensato não perder mais tempo com distrações, concorda?

Caminhar com esse ponto de percepção estabelecido faz cada acontecimento, dor ou conquista ter um significado profundo e transformador. De repente, nada mais acontece por acaso. Aprendemos a ler os sinais do caminho e a nos conectar com o entendimento do jogo da vida, que existe para que possamos evoluir e passar para o próximo nível. A partir de um olhar mais sensível os passos transcendem o plano físico e começam a percorrer a estrada da alma, o caminho do coração.

Um convite ao florescimento

Aos 50 anos lancei o livro que mudaria minha vida para sempre: *O medo do sucesso*. Eu terminava com uma simples palavra: *continua*. Na época, senti que precisava finalizar o relato com um movimento de continuação. Ainda não sabia bem o motivo dessa decisão, mas hoje está claro como o sol: era apenas o início da tomada de consciência sobre as mentiras que eu contava para mim mesma e, após esse primeiro passo, segui por um processo de integração profunda.

É verdade que ao longo da minha vida fui recebendo as sementes que agora frutificam. Pequenas riquezas, pérolas sedimentadas no fundo do rio do meu mundo interior. Cada experiência de dor ou alegria, cada aventura como filha, mulher, atriz, mãe ia me proporcionando bagagem e formando o solo fértil na direção do Ser.

Porém, naquele momento em específico, percebi que precisaria dar continuidade à história de florescimento pessoal que se iniciou com a exposição das minhas máscaras. Era só o início e o que tem se manifestado na minha vida é algo da ordem do milagre. Apesar de parecer extraordinário por não ser comum, um dia será tão natural que não causará mais assombro.

Este livro foi canalizado para quem deixou de acreditar nas promessas de felicidade que nunca se cumprem. Foi escrito para quem desconfia que essa história de nascer, procriar e morrer, vivendo repetições, está mal contada, incompleta. Os sonhos que você busca realizar são realmente seus?

Se você sente que existe algo maior acontecendo e que você faz parte disso, mesmo sem saber exatamente o que é, seja bem-vindo ao primeiro passo de uma longa estrada, aliás, interminável enquanto estivermos vivos. O que vou entregar para você pode ser experienciado por qualquer pessoa que esteja imbuída de coragem para olhar para a verdade, ou cansada de andar nos círculos de sofrimento em torno do autoengano.

Imagine-me pegando na sua mão e olhando nos seus olhos diante do caminho; em seguida, convido você para uma jornada ao meu lado, guiados pela Consciência Sistêmica na Arte, na Constelação Familiar e no Xamanismo — caminhos sagrados para mim. Vou revelar para você tudo o que tenho experienciado e que me conduziu ao universo terapêutico, sistêmico e fenomenológico, trazendo também exemplos de histórias verdadeiras e transformadoras, assim como citações fundamentais de estudos científicos que embasam o conhecimento empírico.

A Visão Sistêmica sobre si e o mundo traz uma nova perspectiva e ressignifica a experiência humana, gerando compreensão e expandindo a consciência sobre o verdadeiro sentido da vida. Não falo de uma vida de facilidades, sem obstáculos ou conflitos, pelo contrário, me refiro à capacidade de lidar com as adversidades com inteireza e gratidão pela grande oportunidade de evolução que essa jornada representa.

Sinto que somos jardins de infinitas flores, mas as sementes estão adormecidas devido à inconsciência pessoal e coletiva. Meu propósito é regá-las para que desabrochem e manifestem seus dons a favor da vida.

Assim, eu te desafio: você está pronto para assumir o seu lugar de força no mundo?

Então, seja bem-vinda, bem-vindo ao seu mundo interno. O mundo da Verdade.

> "*Quem olha para fora, sonha. Quem olha para dentro, desperta.*"
> — Carl Gustav Jung

1 Introdução à visão sistêmica

> *"Honrai as verdades com a prática."* — Helena Blavatsky

Sente-se confortavelmente. Convido você a sentir seu corpo por um instante. Como está seu velho companheiro de jornada? Sua morada sagrada? Essa que abriga sua alma e está com você desde sua concepção? Feche os olhos para uma respiração profunda e abra no seu tempo.

Além da visão habitual, vamos ativar uma visão mais profunda.

Respire com amplitude e, ao soltar o ar, solte também alguma tensão que tenha percebido. Não julgue as sensações, apenas observe.

Olhe em volta, sinta a conexão com os sentidos como se os convidasse para uma longa jornada. Acolha os sons, os cheiros e a temperatura do ambiente... e lentamente traga sua atenção para o coração.

Enquanto lê, respire sentindo a sua presença no mundo e sua relação com tudo o que há. Agradeça, diga para a vida: *Sim!*

Renda-se ao prazer de estar sob a regência de um Plano Maior dentro da teia da vida. Sinta o conforto da entrega, da confiança e solte o controle. O que está reservado para você é muito maior do que suas expectativas.

Nesse estado de abertura, permita-se fecundar novas ideias e sentimentos que trazem compreensão e paz. Além da mente, temos outras inteligências que se conectam com o Amor Sistêmico, mas geralmente elas estão desativadas, adormecidas.

Vou te contar sobre a origem, sobre a verdade. Estamos todos ligados por um fio invisível, que é a própria vida, trazendo informações das experiências vividas ao longo de milhões de anos, desde o surgimento dos primeiros ancestrais da nossa família humana. O fio da vida já estava lá no surgimento da água, que se tornaria berço de algumas das primeiras formas de vida, ainda unicelular. Através de incontáveis passos evolutivos, esse fio se estende desde sempre, passando pelo surgimento do reino mineral, vegetal, animal e pela primeira geração de *Homo habilis* com o sistema límbico original dos seres humanos — aquele que rege as percepções, emoções e é uma das chaves para a compreensão da nossa capacidade de construir mundos paralelos ou bolhas de realidade. Vamos mergulhar nisso mais adiante.

Como ficaria sua sensação de solidão se você percebesse que dentro de si habitam memórias de vivências repetidas pela ancestralidade arcaica, uma ancestralidade não só humana, mas remanescente de outras formas de vida?

Somos fruto de tecnologias biológicas desenvolvidas em diversos seres desde o surgimento da vida na Terra. Todo o funcionamento do nosso corpo foi experimentado e aprovado em seres mais simples, como algas, moluscos e minhocas. Somos um aglomerado de sistemas, agora mais complexos, anteriormente testados e validados por sua eficácia em favor da vida. Em última análise, somos uma experiência da Mãe Natureza. Portanto, uma inteligência relativamente autônoma em observação. Estamos em teste e em desenvolvimento ao mesmo tempo.

E como a Visão Sistêmica nos revela que estamos profundamente conectados à nossa ancestralidade, que vem de tempos imemoriais, podemos concluir que nossa conexão com todas as formas de vida é real.

Somos as pérolas de um colar, cujo fio que nos une é a própria vida. Estamos inexoravelmente interligados.

Portanto, nossa relação com os outros seres acontece verticalmente, pela conexão com a ancestralidade, e horizontalmente, pela interdependência com tudo o que vive à nossa volta. São dinâmicas regidas por uma inteligência Divina que atua dentro, fora e em tudo o que há, nos revelando que estamos emaranhados inconscientemente com outras experiências.

Emaranhamento (ou entrelaçamento)

O emaranhamento atômico, ou entrelaçamento quântico, se dá quando os átomos estão intimamente ligados, como acontece entre pais e filhos, em que as células dos progenitores geram o corpo do novo ser, e ele, por sua vez, habita por algum tempo o ventre da mãe, se emaranhando ainda mais.

Isso significa que, a partir da experiência de união no nível subatômico, os dois corpos, quando separados, viverão os efeitos da conexão entre si para sempre. Tudo o que alterar a órbita de um elétron atômico em seu spin[1] afetará da mesma forma o movimento do elétron do outro átomo que, mesmo separado fisicamente, está emaranhado.

O físico Albert Einstein chamou esse fenômeno de *ação fantasmagórica a distância* e nunca conseguiu explicá-lo por meio das leis da mecânica quântica ortodoxa. A teoria aplicável ao fenômeno só foi alcançada com a física quântica moderna. Partindo desse princípio do emaranhamento, ou entrelaçamento quântico, e conhecendo a teoria de que viemos de um

1 Propriedade fundamental das partículas subatômicas, como elétrons, prótons e nêutrons. É uma espécie de *rotação* interna que essas partículas possuem, mas não deve ser confundida com uma rotação física no espaço.

núcleo primordial que se expandiu e se multiplicou a partir do Big Bang,[2] estamos todos emaranhados desde a origem. Esse movimento de expansão se repete na multiplicação celular que acontece toda vez que uma nova vida é concebida, revivendo um pequeno Big Bang no útero da nossa mãe.

Esse breve momento científico pretende nos colocar em sintonia com a ideia de expansão do universo, pegando carona no movimento do macro para, junto a ele, expandir nossa consciência um pouco além do nosso umbigo. Através desse olhar, podemos observar o desenvolvimento de uma engenharia Divina.

É uma visão científica e espiritual ao mesmo tempo, pois revela o quão sagrado é estarmos vivos, envolvidos pelo rio da vida, que nos une e nos conduz amorosamente para cumprirmos o plano de evolução pessoal e coletiva.

Somos um corpo único se manifestando de várias formas, mas estamos sujeitos à ilusão da separação pela percepção dos sentidos físicos. Porém, se temos a compreensão da realidade última, que é a engenharia que dá origem à realidade manifestada, acessamos a visão ampliada que nos revela a verdade: não estamos separados. Essa consciência revoluciona a maneira de olhar o mundo e abre espaço para um novo estado de espírito que traz paz no coração e centramento para agirmos alinhados com a realidade invisível que sustenta a vida. É como se de repente o véu da ilusão caísse e você pudesse enxergar além das aparências.

Quando incorporamos essa visão de mundo todo o efeito de nossas ações passa a fazer sentido, e uma compreensão transformadora chega.

---

2 Teoria cosmológica predominante que descreve o início e a evolução do universo, que teria começado em estado denso e compacto, desenvolvendo o movimento de expansão que remete à ideia de uma explosão. Aconteceu há aproximadamente 13,8 bilhões de anos.

Você percebe que tudo o que faz ao outro está fazendo a si mesmo, seja positivo ou negativo. Não há julgamento de valores morais nessa dimensão onde nossas intenções nascem e se fortalecem para serem materializadas sem censura. Portanto, sempre vamos colher os frutos que plantamos. É uma lei, e o resultado das escolhas será percebido no corpo físico, emocional e espiritual, pois eles estão interligados.

Com a Consciência Sistêmica, passamos a nos responsabilizar por tudo o que plantamos. Se não enxergamos o processo na hora do plantio, vamos enxergar na colheita, muitas vezes dolorosa, e aprender sobre o que fizemos inconscientemente; como alguém que anda cego por um caminho escarpado, caindo e levantando, sem perceber que está causando a própria queda. Eu lhe convido a enxergar a partir de agora, seguindo o fio da vida, consciente das ordens universais.

Se nos percebemos parte desse corpo vivo estendido, nos alinhamos à realidade e passamos a ver com clareza. Também eliminamos qualquer sentimento de solidão, exclusão ou isolamento. Estaremos cientes do nosso lugar dentro de um sistema maior. Passamos a vibrar na frequência do Todo e não da *partezinha* que representamos.

Separação e culpa

O estado de sofrimento generalizado é fruto de construções mentais baseadas em crenças de separação. A heresia da separatividade, como é chamada na tradição tibetana, gera culpa ou vitimismo — os padrões psíquicos mais paralisantes no movimento da evolução pessoal e coletiva.

Nos impomos expiação de forma inconsciente, por ações pessoais e ancestrais, sem saber que somos uma continuação das experiências anteriores. Temos o poder de mudar o rumo das coisas, mas antes precisamos entrar em acordo com nossos medos e desejos, pois são heranças que projetamos no outro e no futuro.

As correntes de autopunição que arrastamos por gerações não limpam as consequências das escolhas dos antepassados e impedem o avanço. Em vez de arrastá-las, o que a vida nos pede é que sejamos capazes de olhar para o passado, honrá-lo como experiência e aprendizado, e soltar as amarras para darmos novos passos na estrada da evolução.

Por acreditar que somos seres isolados, buscamos desesperadamente um lugar ao sol. Queremos ser amados.

Preciso te contar: esse sol está dentro de você.

Não existe nada lá fora sem a sua participação direta. O mundo é gestado em seu coração e materializado através de seus pensamentos, palavras, sentimentos, ações e você só se sentirá amado se puder enxergar que é fruto do Amor.

O Amor não vem do externo. Nunca veio. O Amor é uma fonte inesgotável que brota do seu coração e pode ser compartilhado com todos. É um plano perfeito, pois não tem como enganar a própria consciência que, por estar dentro, tudo vê.

Você vibra seu verdadeiro estado de espírito e instantaneamente começa a manifestar na vida o que está sentindo através de uma dimensão sutil, uma comunicação não verbal com o Plano Maior, ao qual estamos todos submetidos.

> *"Os lábios da sabedoria estão fechados, exceto aos ouvidos do entendimento."*
> — Hermes Trismegisto

VAMOS DESPERTAR O SEU OBSERVADOR INTERNO

A partir de hoje, observe seus sentimentos diante da vida. Identifique dentro de você a fonte geradora das suas escolhas e o efeito delas nas outras pessoas.

Veja a reação do mundo diante de suas palavras e ações, e depois mude sua maneira habitual de ser.

Experimente transformar sua comunicação e observe se sua mudança transforma a resposta do outro e a situação que estão vivendo.

Escreva pelo menos uma dessas experiências de cocriação da realidade neste espaço em branco. Se sentir vontade, desenhe.

2
A vontade da natureza

> *"Às vezes não existem palavras que estimulem a coragem. Às vezes, é preciso, simplesmente, mergulhar."* — Clarissa Pinkola Estés

Existe uma força por dentro de tudo o que há: o impulso da vida que flui como um rio e se movimenta sempre para a frente, no sentido de algo maior, na direção do mar de uma consciência mais ampla. Cada ser vivo representa uma porção dessa água, que apesar de parecer isolada, está submetida ao fluxo e sente o chamado para onde se dirige.

As águas da vida atravessam as gerações carregadas de experiências que buscam consciência e reconciliação para liberar os bloqueios do passado, crescer em conteúdo, unir-se às outras porções e expandir-se através do encontro, alargando o rio e ganhando força pela reintegração.

Cada encontro nos convida a abrir o coração para abarcar as diferenças, permitindo a chegada do novo, assim como, na união primordial, a concepção de um novo ser. Este é um evento que acontece fora do nosso controle, pois está a serviço do movimento da vida. Ninguém decide como será, nem pode determinar, com certeza, a pessoa com quem irá dividir a grande jornada na função de pai e mãe biológicos. Nós tentamos, mas não está em nossas mãos determinar o instante Santo em que uma vida é concebida.

Às vezes acontece sem planejamento ou sem a vontade do homem e da mulher; em outras, o desejo de serem pais não é atendido. Estamos todos submetidos a um Plano Maior, que nos coloca diante das experiências que precisamos ter e não das que gostaríamos de viver. O propósito dessa dinâmica é nos mover para o novo, para a evolução, e não para a estagnação própria da zona de conforto. Se resistimos, essa força nos empurrará. O que poderia acontecer na compreensão receptiva se torna sofrido por causa da resistência.

Nossa arrogância tem nos cegado diante da realidade. Quando estamos baseados em um falso poder, fugimos da postura humilde por acreditarmos que é como se humilhar, mas é exatamente o contrário. A humilhação vem pela falta de humildade ou falta de consciência de que existe uma Regência perfeita muito maior do que nós. Buscamos nomes para nos referir a essa Inteligência. São nomenclaturas que tentam trazer definição para o que é intangível, mas que percebemos claramente quando abrimos os olhos do espírito.

Nossa prepotência é infantil e se esforça torcendo o mundo para caber nas nossas caixinhas. Como não reconhecemos essa Inteligência, que nos guia para o crescimento e representa o que ainda desconhecemos, estamos sempre nadando contra a correnteza, na direção das nossas preferências. E é exatamente nessa busca do que já conhecemos que vivemos a tão temida humilhação, pois, se não estamos a favor da força da vida, estamos contra ela, e assim ficamos sujeitos a ser demolidos pela potência dos acontecimentos. Uma postura imatura que nos derruba incontáveis vezes até que possamos enxergar.

O pior é que para justificar a escolha mais cômoda, dizemos ser humildes, mas é uma falsa humildade. Na verdade é uma arrogância, pois achamos que temos o direito de receber uma oportunidade tão valiosa de evolução como é a vida, e, por medo ou teimosia, nos recusar a crescer.

Porém, se percebemos a grandeza dessa Inteligência aceitando sua condução, nos abrimos internamente para sermos atravessados por sua força amorosa. Assim, estaremos cultivando a verdadeira humildade, encarando e transformando o medo de crescer, desenvolvendo coragem para a própria expansão e serviço à vida, que no final dessa jornada é o que vai trazer autorrealização e paz.

A força da evolução

O fluxo da vida pede que você aprenda a sentir. Se você se recusa, ele intensifica a pressão das situações até quebrar a pedra de gelo em seu coração e te pôr em movimento. O desconforto da pressão nos impulsiona a renascer como um bebê, que, sentindo-se apertado na barriga da mãe, é obrigado a sair do lugar mais confortável que já experimentou.

Desse modo, o incômodo da vida que te faz nascer de uma nova maneira está a serviço da evolução, do crescimento. A cada pequena expansão do coração, a mente se alinha com uma percepção mais ampliada do mundo e nos tornamos mais humanos, pois no início somos muito parecidos com todos os mamíferos, guiados pelos instintos de sobrevivência, medo ou desejo. Como disse, somos um projeto em andamento, um experimento da Natureza que precisa da participação da autoconsciência pessoal para realizar seu propósito.

A boa notícia é que podemos fluir em colaboração com essa força de evolução. Podemos desenvolver a consciência para perceber as mudanças da vida nos convidando para um novo passo logo no início da pressão e, com isso, evitar sofrimentos maiores no trabalho de parto de nós mesmos. As dores podem ser sentidas ainda na sua brandura para nos pôr em movimento, sem resistir.

Dentro dessa perspectiva precisamos nos deslocar para frente, estimulados por algo que nos convida a sair do lugar habitual. São zonas de conforto, ligadas às memórias antigas, que recebemos no pacote da vida. É a força da experiência das gerações que nos antecederam.

Essa herança são registros dos passos que já foram dados e representa conhecimentos valiosos. É um campo de memórias que contém realizações, mas também frustrações que nos são transmitidas para que possamos continuar o que ficou inacabado, superar os medos e traumas do passado.

Ao desembarcar nessa existência, assumimos o movimento para o novo passo do ponto em que o bastão da vida nos foi dado. O chamado vai se apresentando aos poucos. Portanto, herdamos a vida com as facilidades de tudo o que foi conquistado por nossa ancestralidade, mas também o que não foi resolvido. Assim, precisamos reconhecer a história anterior, mas em seguida é fundamental nos dirigirmos para o futuro, pois fica difícil avançar se estamos olhando para trás, apegados aos medos e padrões repetitivos.

A questão é: esses conteúdos herdados habitam nosso inconsciente, por isso será preciso um trabalho pessoal para trazer à luz o que está no ponto cego. Não somos capazes de ver essa bagagem, mas podemos observar os sintomas que se manifestam na nossa vida como dificuldades ou facilidades.

Os dons ou talentos pessoais que pensamos ser exclusivamente nossos muitas vezes são heranças de caminhos abertos deixados pelas gerações anteriores. Por exemplo, uma família que construiu uma relação bem-sucedida com instituições de ensino e podemos ver em seus descendentes um chamado, uma facilidade no ofício de ensinar ou escrever.

Assim, existem linhagens inteiras compostas de médicos, outras, de pessoas que lidam com a terra, ligadas à arte etc.

Podemos observar não só os aprendizados diretos por terem crescido no convívio com o ofício da família, mas também uma força de movimento, na qual os caminhos se abrem e a autoconfiança está presente. Essa sensação de estar no lugar certo é passada como herança, e quem quiser inaugurar uma nova trilha terá que construir uma nova base interna de autoconfiança para manifestar.

Existem legados de experiência que vêm de longe, muitas vezes de antepassados que a pessoa nem conheceu. Por exemplo, um tataravô que negociava com outras localidades, mas seus filhos e netos não seguiram o mesmo caminho. No entanto, depois de algumas gerações, aparece um descendente sentindo forte chamado para desenvolver negócios internacionais e, apesar, de não saber de nenhum parente que o tenha feito, sente facilidade e dom inato.

Se você procurar conhecer sobre a profissão de seus antepassados distantes, é bem possível que encontre similaridades impressionantes com suas escolhas. Inclusive datas similares de nascimento, morte, casamento, número de filhos etc.

Porém, assim como herdamos conteúdos positivos, também herdamos os negativos. Por exemplo, quando os descendentes são fruto daqueles que souberam ganhar e desfrutar do dinheiro, mas a família sofreu com a perda repentina de suas posses ou vivenciou brigas e rupturas nas relações por causa dos bens materiais, as novas gerações podem carregar um medo inconsciente de ganhar dinheiro.

O que está mergulhado nas águas profundas do inconsciente dessa família é a associação do dinheiro com o sofrimento, fazendo com que o descendente manifeste o sintoma de dificuldade em prosperar. Nesse caso precisará passar pela experiência de identificar o medo para adquirir consciência, superar esse bloqueio pela compreensão e experienciar uma nova veiculação que seja positiva em relação ao dinheiro. Ao transcender o trauma, ele liberta a si e a todo o sistema.

Assim funciona a evolução, que é sempre coletiva, mas que depende de cada passo dado individualmente. Quer dizer, herdamos o pacote todo, facilidades e dificuldades que vão se revelar como sintomas positivos e negativos nas nossas vidas, para serem desenvolvidos ou superados. Desse modo nos liberamos para viver histórias novas, guiados por uma visão mais ampla.

O que habita em nossas profundezas

A mente humana é como uma nuvem virtual ou um oceano profundo, feito de memórias das experiências herdadas da ancestralidade e/ou adquiridas individualmente. Nossa psique é composta de aspectos conscientes e inconscientes. A dimensão consciente é aquela à qual temos acesso, ou seja, é a parte que se comunica conosco produzindo cada pensamento, criando significados e trazendo as memórias que solicitamos.

Essa dimensão é a que está sob nosso controle e é muito pequena. O percentual da mente consciente varia de tempos em tempos e de pessoa para pessoa, mas vamos estipular um valor médio que nos ajude a visualizar essa realidade, pois a verdade é impressionante.

Podemos dizer que a mente consciente corresponde a menos de 5%. Na maioria das pessoas, mais de 95% da mente está mergulhada nas águas profundas e quase inacessíveis da mente inconsciente. Portanto, toda vez que falamos *inconsciente* estamos falando dos conteúdos apagados da memória de fácil acesso.

E o que está nesse manancial oceânico de memórias sedimentadas pelo tempo? Tudo o que foi experimentado por nossa ancestralidade materna e paterna e tudo o que vivemos na infância e não foi possível conservar na lembrança. Principalmente conteúdos traumáticos, lembranças de eventos dolorosos com os quais uma criança não consegue lidar. Vamos nos aprofundar nesse tema mais adiante.

Vale dizer que quase a totalidade das nossas escolhas é feita por essa mente inconsciente, regida não só pelas memórias arquivadas de experiências da infância e dos ancestrais da família de origem, mas também da família humana como um todo, do mundo animal, vegetal e mineral.

Isso significa que vivemos numa casa onde só conhecemos o hall de entrada. Precisamos ter a coragem de abrir cada cômodo, acender a luz e olhar com aceitação para o que vamos ver, pois nem sempre é belo. Só através do autoconhecimento podemos integrar e transformar os conteúdos que nos compõem.

Temos alguma comunicação com a mente inconsciente? Sim. Através dos sonhos, dos sintomas físicos, das sincronicidades e da expressão artística, que são pontes de contato com nossas águas profundas.

Sonhos

No sonho temos a oportunidade de mergulhar e dialogar com o universo submerso do inconsciente. Podemos observar que a linguagem é outra — e as regras também. Não existe linearidade do tempo e às vezes fazemos algo errado, porém nos sentimos bem. Fica claro que a moralidade inerente a cada um não tem lugar no espaço inconsciente. O que vemos e sentimos muitas vezes é surpreendente até mesmo para nós.

As leis da matéria também não se aplicam nos sonhos. Podemos começar com uma forma física e de repente nos tornamos outra pessoa ou até um animal. Símbolos e atitudes ganham significado e podem passar dias na nossa memória até que consigamos entender o recado. Muitas vezes o sonho usa um evento do nosso dia para passar uma mensagem que vai ter seu significado revelado a partir do que estávamos sentindo durante a experiência idílica.

O sonho também pode ser premonitório e isso ainda é um mistério, justamente porque nos traz notícias de uma dimensão de difícil acesso. O sonho já foi considerado oráculo respeitado por reis e sábios na história da humanidade. Também foi determinante como campo de estudos fundamentais na construção das bases da psicologia moderna de Sigmund Freud até chegar a Carl Gustav Jung, que ampliou os estudos e mergulhou ainda mais.

Sintomas físicos

Um dia me dei conta de que o corpo é nosso inconsciente materializado, pois tem consciência própria e memória de tudo que vivemos. O que saiu da nossa mente consciente por qualquer motivo está gravado no corpo. Existem tratamentos que identificam registros de traumas na estrutura física. Algumas práticas terapêuticas trazem até o ano ou o mês em que o dano emocional aconteceu, e outras desprendem essas marcas incorporadas através de movimentos de liberação profunda. Está tudo escrito no corpo, pois ele não julga nem seleciona o que vai reter.

Se o corpo começa a se desenvolver no instante da concepção e segue incorporando literalmente cada experiência, então ele é o nosso consciente e inconsciente materializado. É um arquivo vivo.

Também é o mensageiro das dores profundas, através dos sintomas. Cada doença ou distúrbio de funcionamento do corpo é uma mensagem da alma ou do Campo Psíquico inconsciente. A própria medicina já aceita que grande parte dos processos patológicos são psicossomáticos.[3]

Mas na maioria das vezes, cortamos o sintoma com uma droga, por incapacidade de lidar com o desconforto e de buscar entender o significado oculto de sua manifestação. Ou seja, matamos o mensageiro que é o sintoma, e não escutamos a mensagem das nossas profundezas.

Sincronicidade

Sincronicidade é uma coincidência não causal com significado para a pessoa que vive o evento. Carl Jung trouxe o conceito de sincronicidade advindo da sabedoria oriental do Tao, que se alinha perfeitamente com o método fenomenológico que vamos aprofundar.

Para dar um exemplo claro, vamos imaginar que uma pessoa está com dúvida se deve ficar em um emprego que perdeu o sentido para ela ou se aceita o convite para um empreendimento que oferece riscos, mas também um propósito maior. Então, no auge do sofrimento provocado pela indecisão, passa uma borboleta voando, e esse movimento ilumina a ideia de autotransformação, voos mais altos, leveza e confiança na Vida ou Deus. Nesse exato momento, a pessoa recebe um telefonema de alguém ligado ao novo emprego marcando uma reunião. Tudo isso é muito significativo para ela. A borboleta e o telefonema chegam em seu coração como uma mensagem clara sobre o caminho que deve seguir.

Os eventos, sincronizados com o momento de dúvida, trazem o sentimento que por si só significa a tomada de consciência. A pessoa não sabe, mas suas escolhas já estavam sendo conduzidas pelo seu inconsciente na

3 Área da medicina que estuda a relação entre a mente e o corpo, reconhecendo que as emoções, os pensamentos e as experiências podem influenciar diretamente a saúde física.

direção do crescimento e a sincronicidade é um recurso que pode fortalecer a confiança para que o medo não a impeça de sair da zona de conforto.

Arte

O outro portal de comunicação com o inconsciente é a Arte, que já é facilmente aceita como expressão da alma. Mais uma vez, Jung aparece como precursor e muitas vezes considerado pai da arteterapia, pois foi o primeiro a usar a expressão artística como fonte de diagnóstico e de cura pela liberação de conteúdos reprimidos. O que ele fez foi observar com atenção os desenhos das pessoas que estavam em tratamento psiquiátrico e perceber o enorme manancial de significados psíquicos ali contidos. Assim como no sonho, o inconsciente se manifesta e se comunica na Arte, através de imagens que retratam sentimentos profundos e significativos.

A Arte reflete e expressa não só a beleza que nos inspira, mas também tudo aquilo que não admitimos para nós mesmos por não ser aceito socialmente. É como se, na expressão artística, recebêssemos autorização para expressar medos e desejos reprimidos. Com isso podemos nos conhecer de verdade e nos transformar.

Assim, o processo de autoconhecimento flui por dentro de cada uma dessas experiências, e a grande escola que é a Mãe Natureza revela que tudo o que existe está inserido em um sistema vivo que se percebe, se transforma e se autorregula. Cada acontecimento tem correlação direta com o que veio antes e espelha nossos conteúdos inconscientes. Cada ciclo se fecha e se abre; cada etapa do processo da vida se desdobra em continuidade relativa ao passo anterior, refletindo nossa expressão pessoal em relação ao sistema vivo da coletividade.

Nada acontece de maneira isolada. Tudo está sob a lei de causa e efeito. Mesmo dentro do processo pessoal de expansão de consciência, seremos afetados e afetaremos o mundo à nossa volta.

A teia da vida

Como caímos na falácia de que poderíamos viver isolados da realidade comum? Como fomos acreditar na mentira de que poderíamos ser felizes e imunes às dores e alegrias do mundo e do nosso sistema familiar?

Pois bem, isso não é possível. Somos um grande organismo vivo e nos impactamos mutuamente em várias dimensões simultâneas. Aprofundando esse conhecimento, só por existir, estamos inseridos em uma teia de conexões vertical e horizontal, pois, além dos laços inconscientes, que nos ligam com mais força às últimas gerações da nossa família, existem as conexões de relações na vida prática.

Por exemplo, o alimento que chega à nossa mesa passou pelas mãos de quem o plantou, cultivou e colheu, em parceria com o solo, as chuvas e o sol, sob a regência do tempo. Esse alimento contém informações e novos elementos inerentes a cada processo de cultivo, trazendo saúde ou veneno para o nosso corpo. Além da produção e da colheita, ele passou por muitos caminhos — percorridos por outros seres humanos no presente e no passado — para chegar até nós. Uma cadeia de ações e reações se deu antes do nosso encontro com o alimento, e esse trajeto seguirá agora com a nossa intervenção.

A partir desse contato no ato de comer, faremos parte do processo através do que acontecerá com os nutrientes em nosso corpo, no encaminhamento dos dejetos do sistema digestivo. Esse conteúdo, que antes era nossa comida e hoje é dejeto, será encaminhado para o sistema de esgoto e limpeza da cidade. Ele, por sua vez, precisa estar alinhado com as leis de equilíbrio e saúde do meio ambiente natural, que é comum a todos. Estamos mergulhados na teia da vida, e todo o movimento de cada elemento vivo, seja uma célula, um indivíduo ou um grupo, impacta essa grande rede. Portanto, tudo o que acontece tem uma origem — é consequência e continuidade das escolhas pessoais do passado.

Seguindo essa linha de raciocínio aplicável a cada história de vida, fica clara a influência artística da minha família na minha trajetória, deixando a herança positiva da Arte como veículo de autodescoberta e desenvolvimento pessoal. Toda a facilidade dos caminhos abertos por meus pais chega com força de impulsionamento através da minha não resistência em receber. Porém, junto com aspectos positivos, herdei também sombras, medos, desordens e tudo aquilo que ficou pendente por motivos que não me cabe julgar. Cada pessoa faz o seu melhor e dá aquilo que tem.

> *"Não há despertar de consciências sem dor. As pessoas farão de tudo, chegando aos limites do absurdo para não enfrentar a própria alma. Ninguém se torna iluminado por imaginar figuras de luz, mas sim por se tornar consciente da escuridão."* — Carl Gustav Jung

ENTRE NA IMAGINAÇÃO

Desenhe uma casa. Depois que fizer a entrada, feche os olhos e imagine os cômodos. São espaços que você nunca entrou, mas que sempre sentiu que estavam lá.

Antes de desenhar os cômodos, ainda de olhos fechados, entre em cada um deles. Acenda a luz devagar, respire, confie.

São cômodos que estão dentro de você, que são você também.

Observe se existe algum objeto mais simbólico, alguma pessoa ou um animal que te traz lembranças, sentimentos de medo, vergonha ou afeição.

Não precisa se assustar. Se aproxime com cuidado... com amor. Acolha essa parte que você desconhecia. Dê colo e perceba que a aparência assustadora se transforma ao receber seu afeto.

Ainda de olhos fechados, sinta se quer mudar algo de lugar. Tome seu tempo, sem pressa.

Quando abrir os olhos, acrescente no desenho os espaços que apareceram na imaginação. Pode desenhar o que viu, como objetos, pessoas, ou escrever dentro do espaço de cada cômodo.

Durante todo o processo, observe também suas sensações físicas.

Cada passo desse experimento terá um significado muito pessoal que você vai identificar tranquilamente. Confie em si.

3
O princípio da continuidade

> *"O destino que os antigos chamavam de cego enxerga muito bem e atua fundado em razões. Os eventos se sucedem e se desenvolvem na história com uma lógica surpreendente. A razão humana precisa abandonar seus padrões mesquinhos diante dos imperiosos argumentos do destino."* — Victor Hugo

Através da Consciência Sistêmica, é tranquilo observar nosso lugar como parte do processo de transcendência dos limites adotados por gerações anteriores. Trarei minha trajetória como exemplo de uma vida que tem sido palco de superação de barreiras pessoais e ancestrais.

Sabendo que o olhar profundo sobre uma história pode ajudar na compreensão das leis, compartilharei duas batalhas internas importantes, que ocorreram na entrada da minha vida e na pré-adolescência. Foram essas marcas de sofrimento, herdadas da linhagem feminina, que me impeliram a sair da zona de conforto, despertar minhas potências e agradecer os estímulos vividos dolorosamente logo no início da minha jornada.

Primeiro fui convocada duramente pelos acontecimentos a encontrar meu lugar na família, para depois me firmar como personalidade na dimensão social. Vivi um episódio que me apresentou à sensação de abandono pela mãe e, em seguida, a experiência da dificuldade para me comunicar, o que acabou me impulsionando para a autossuperação que me tornou quem sou.

O primeiro desafio memorável que enfrentei foi com menos de 2 anos, e, como todas as sombras internas, buscava a luz da consciência. Quando conheci essa história tão significativa que me trouxe chaves de compreensão sobre meu medo de ser abandonada, já tinha mais de 50 anos e a maturidade necessária para enxergar os benefícios dessa dinâmica oculta.

Minha mãe, Alba Regina, teve uma experiência muito jovem que talvez já tenha sido a reedição de uma memória herdada. Um evento experienciado como trauma ou ação interrompida na ancestralidade buscando integração. Não sabemos. O que podemos perceber diante do conhecimento de alguns fatos é que ela precisou sentir a dor, e isso foi transmitido para mim, fazendo-me atrair a mesma situação até estar madura o suficiente para tomar consciência e colocar um ponto-final.

Ela conta que, quando tinha 6 anos, seu irmão do meio chegou à família em uma cena dolorida para ela, que ficou tatuada em sua alma: minha avó Celeste entrando em casa com meu tio Ivan no colo, vindos da maternidade. Minha mãe relata que sentiu como uma apunhalada no peito. Toda a exclusividade da atenção dos pais estava sendo terrivelmente ameaçada por um bebê bonitinho e indefeso que, exatamente por essas características, iria atrair os olhares e precisaria dos melhores cuidados.

Aquilo ressoou como se ela pudesse ser abandonada, trocada pelo próprio irmão, e ali se originou, ou foi reproduzido, o medo do abandono, o medo de ser substituída por outra pessoa.

Por causa desse impacto sofrido, minha mãe decidiu me poupar da mesma cena que lhe causou tamanha dor. Morávamos em Salvador, e quando faltavam poucos meses para o nascimento de minha irmã, que é dois anos mais nova que eu, ela me levou para passar um período na casa de minha avó Celeste, no estado do Rio de Janeiro. Ela queria evitar que eu a visse chegando com minha irmã nos braços, do mesmo modo que ela viu minha avó chegando com seu irmão.

Aqui temos um detalhe definitivo: eu tinha apenas um 1 ano e meio. A única lembrança que tenho foi do dia que minha mãe veio me pegar para levar de voltar a Salvador. Eu já chamava minha avó Celeste de *mãe*.

Você pode imaginar a marca que isso deixou no meu coração e na minha alma? A dor do suposto abandono deve ter sido tão profunda que apaguei da memória o período de desespero por não ver minha mãe. Fiquei apenas com a lembrança do reencontro, e provavelmente foi bem difícil, para não dizer impossível, entender o que estava acontecendo.

Quero ressaltar que hoje não há nenhuma conotação de condenação à atitude dela. Tenho convicção de que minha mãe fez o melhor que podia, achando que estava me protegendo de algo que a fez sofrer imensamente no passado. Afinal, quando a experiência que gerou seu medo do abandono aconteceu, ela já tinha idade para tirar conclusões racionais, mesmo que equivocadas. Já eu era muito pequena, e tudo o que podia perceber vinha do coração sensível de uma criança, quase um bebê. Provavelmente ela me desmamou para cumprir esse plano, e essa escolha me impactou para o resto da vida.

Agora sei que todas as intenções são sentidas pelas pessoas envolvidas nos acontecimentos, mesmo que ninguém fale nada e seja uma percepção inconsciente. A memória de dor fica registrada no corpo, na alma.

O florescimento do amor

O que podemos aprender com essa história? Tudo o que precisa acontecer para ativar nossas potências acontecerá, e, na maioria das vezes, o que revela nossa força são situações desafiadoras. Como disse, a Visão

Sistêmica nos revela que somos a continuidade das gerações passadas e herdamos sonhos, desejos, temores, pois uma única vida não é suficiente para viver todas as etapas de um amadurecimento pleno. Essa é a forma que a natureza encontrou para guiar a família humana no sentido da evolução.

Não adianta queimar todas as rocas do reino por causa da maldição da fada vingativa. Sobrará apenas uma única roca de fiar, e, na hora certa, o destino se cumprirá, trazendo a bela adormecida para o sono que ela precisa viver até encontrar sua salvação, simbolizada pelo príncipe.

Na minha percepção, o conto retrata o casamento do ego com a alma, o despertar da consciência. A princesa permanece inconsciente, o que significa viver em um mundo de ilusões até ser tocada pelo beijo de um amor verdadeiro.

Para mim, a história está clara como o sol. Ela simboliza o florescimento do amor, a conexão com a consciência Divina. Para o processo acontecer, a princesa precisou passar pelo sono da ignorância até o despertar espiritual.

A influência da linhagem materna

É provável que o evento envolvendo mãe e avó tenha fortalecido ainda mais minha conexão com as duas e possivelmente intensificou minha identificação com seus sonhos mais profundos.

Trago aqui uma informação que pode nutrir reflexões sobre a relação com as mulheres do nosso sistema familiar. É sabido que a mulher nasce com todos os seus óvulos já formados no ovário, enquanto os homens vão produzindo seu sêmen ou semente à medida que a secreção vai sendo colocada para fora.

Também é sabido que na formação do feto dentro do corpo da mãe tudo o que ela vive e sente se torna nutrição, material de formação do ser que está sendo gestado. Não nos nutrimos apenas do corpo material da nossa mãe, mas também de seu universo consciente e inconsciente na forma de medos e desejos.

Se o feto é do sexo feminino, durante a gestação também estão sendo formados todos os óvulos que esse feto carregará no ovário ao longo de sua vida e que, um dia, poderá se tornar um bebê ao ser fecundado.

Portanto, o óvulo da minha mãe que me originou no encontro com meu pai foi criado na barriga da minha avó e alimentado não só pelo seu sangue, mas também por suas emoções. Depois, segui dentro de minha mãe como óvulo, recebendo os efeitos de suas experiências por vinte e um anos, até ser fecundada por meu pai. Assim, a avó materna e a mãe são a origem de heranças profundas e inconscientes.

É sabido que nosso corpo é um grande laboratório alquímico que se forma pela produção constante de substâncias advindas dos sentimentos e emoções gerados pelas experiências pessoais e ancestrais.

A linhagem paterna, por produzir e descartar espermatozoides constantemente, não acumula tanta informação experiencial. Sendo assim, a linhagem feminina é a influência mais determinante na construção da psique, da alma.

A consciência sobre os medos e desejos

O interessante é que eu sempre desconfiei que desejos e medos teriam um valor maior do que simplesmente atender uma demanda do ego. Afinal de contas, como a Criação poderia nos conduzir se não fosse através dessas emoções, que é o que de fato nos move?

Tudo o que colocamos foco se torna nosso norte na caminhada. Andamos para onde miramos. O desejo ou o medo criam uma força de conexão entre mim e a direção que quero alcançar ou evitar. Não importa se esse olhar quer proximidade ou distância. Se dou importância para algo, esse alvo se torna farol, referência, inconsciente na maioria das vezes, e é essa inconsciência que deixa o processo dolorido. Se não sei como as coisas funcionam no jogo da vida, alimento e materializo meus medos, pois eles recebem minha energia vital tanto quanto os desejos.

E por não saber que estou criando inconscientemente minha realidade, responsabilizo os outros pelas mazelas pessoais. Essa atitude é a porta de entrada do inferno, porque está baseada em ilusão. É como se você lutasse com sombras, projeções na parede da caverna.

Portanto, a tomada de consciência significa acender a luz de um quarto escuro, onde antes a pessoa se debatia, criando mil desculpas aparentemente convincentes para não sair do lugar. No momento em que ela enxerga seus temores e entende de onde eles brotam, é possível transformá-los e se liberar para seguir adiante.

Me lembro do medo inconsciente que eu tinha de me tornar mãe. Alguns acontecimentos da minha vida comprovam isso, mas a dinâmica só veio à consciência quando um dia decidi encarar minhas profundezas para saber o que realmente estava me impedindo de dar esse passo.

Pela primeira vez acessei o medo e, apesar do desconforto, decidi ir além, buscando ver para onde ele olhava. Então descobri que havia filhos não nascidos no meu sistema e tive um contato espiritual com meu filho. Recebi uma informação de que *um guri pedia para chegar*. Foi uma comunicação metafísica que me fez decidir pela maternidade no instante em que senti a presença do Guilherme no meu campo espiritual.

Muito do que aconteceu depois dessa decisão, que já tinha a vontade do pai, Duca Leindecker, se deu de forma incomum. Algumas sincronicidades impactantes, como a data do nascimento quinze dias antes do previsto, se alinhando com exatidão à datas significativas na família e outros eventos envolvendo sonhos e premonições, me fazem crer em um propósito maior de sua chegada, que foi preparada com muito amor. Em cada passo dessa jornada maternal, me senti guiada por uma Luz, que tem sido como uma estrela brilhando no meu céu interior.

Além do fio da vida que recebi e passo adiante através dele, Guilherme tem sido para mim portal de evolução espiritual pela expansão da capacidade de amar. Antes de sua chegada, meu coração havia se esfriado por meio do mecanismo de proteção contra as dores emocionais, principalmente nos últimos anos antes da gravidez.

Minhas escolhas eram mais individualistas, já que não havia ninguém que dependia de mim, que fosse fruto de minha existência, do meu ventre. Isso traz um sentido profundo à maternidade. Aos poucos a pedra de gelo do meu coração foi se desfazendo na experiência diária de ser mãe, pois eu precisava dar conta dos desafios materiais e emocionais pensando também no Guilherme.

Esse processo é um convite constante ao crescimento. Os medos foram perdendo a força, e escolhi colocar o foco na minha capacidade de acolhê-los para transformar, fazendo o meu melhor. Estou aqui para isso e o Guilherme é o próximo passo dessa Alma comum que se manifesta através de cada pessoa que se coloca a serviço do corpo estendido, que é a família humana.

Quero deixar para meu filho a melhor herança que existe: a autoliberação dos padrões de comportamento que já foram funcionais na manutenção da vida, mas que hoje não fazem mais sentido. Podemos caminhar mais leves, livres, transformando o medo em força amorosa. Ele merece. Eu mereço. Nossos ancestrais merecem.

> *"Quando alguém decide curar-se, se transforma em uma obra de amor e compaixão, já que não se torna saudável somente a si próprio, mas também a toda a sua linhagem."* — Bert Hellinger

UMA CARTA PARA A MÃE E A AVÓ

Escreva uma carta para sua mãe e outra para sua avó.

Abra seu coração sem se julgar. Trata-se de um encontro com a Verdade.

Escreva sobre o que te marcou negativamente e agradeça pelas heranças positivas.

Depois de escrever as cartas, encontre um momento onde possa se desligar do mundo. Se imagine aninhado no ventre materno, de olhos fechados, sentindo as emoções da mãe, da avó... recebendo toda a nutrição necessária sem precisar buscar nada.

A Mãe Natureza se encarregando de te nutrir através do corpo da mãe e da avó.

Sinta, receba, agradeça...

Reconheça a força da influência delas na sua vida e peça suas bênçãos.

Não importa se elas estão encarnadas ou não. Na Visão Sistêmica, todas as consciências e as experiências de cada antepassado estão presentes em você, aqui e agora.

4
A fonte do conhecimento

> *"Eu não criei as Constelações, eu as vi. Permita-se ver."* — Bert Hellinger

Nascido em Leimen, na Alemanha, Bert Hellinger foi seminarista e combatente na Segunda Guerra Mundial (1939-1945). Nesse período em que foi convocado de forma obrigatória junto com seus colegas, aos 17 anos, viu metade deles morrerem no front e passou alguns sustos que o marcaram. Como o evento em que seu pai quase foi preso por desagradar um oficial alemão e, quando Bert recebeu um registo de *potencial inimigo do Estado* após ter discutido sobre a filosofia de Hegel e Nietzsche com um diretor que mais tarde soube ser da Gestapo[4]. Na conversa, o diretor afirmou que Hegel *previu o estado nazista*, e Bert, em seu livre pensar, rebateu que *Hegel odiava o estado*. Em seguida, o homem disparou: O *senhor é quem odeia o estado.*

Essa mancha de *potencial inimigo do Estado* em sua ficha só não o impediu de receber o certificado de conclusão do ensino médio que exigia atestado de boa conduta perante o RAD (Serviço de Trabalho do Reich) porque sua mãe interveio e fez o maior barulho, argumentando que seu filho estava arriscando a própria vida no campo de batalha e que isso era o suficiente.

4 Polícia secreta do regime nazista na Alemanha, responsável pela repressão política, espionagem e perseguição de opositores do regime, especialmente judeus e dissidentes.

Depois de viver experiências marcantes na guerra, como ser preso, passar fome e correr risco de vida diariamente, Bert se tornou seminarista, se formando em teologia e filosofia, e viajou como padre missionário para a África do Sul. Então, mais uma vez a vida o coloca como testemunha do controle, da tortura e da exploração, antes pelo nazismo[5] e agora pelo apartheid, presenciando a segregação racial implantada pelo Partido Nacional. Praticamente em todos os lugares havia espaços específicos para brancos e negros, assim como entradas diferenciadas, e era proibido o casamento entre pessoas de etnias diferentes, além de outras regras repressoras.

Nos mais de 16 anos em que viveu na África, Bert dirigiu um colégio para nativos onde muitos de seus alunos se tornaram médicos, juízes, educadores, filósofos; entre eles estava Steve Biko, que ficou famoso como ativista antiapartheid e por ser fundador do Movimento da Consciência Negra. Biko foi morto pela polícia sul-africana, o que causou grande impacto.

Naquela altura, Bert já tinha conhecimento e maturidade para olhar o que acontecia com profundidade, e então nascem as perguntas norteadoras do seu trabalho:

O que leva pessoas a cometerem atrocidades contra outro indivíduo e se sentirem bem depois do ato que pode ser considerado desumano?

O que vem primeiro: a defesa de uma ideologia ou a defesa de uma pessoa?

Na busca por respostas, a primeira pergunta fez de Bert o pioneiro no estudo de aspectos importantíssimos do inconsciente de grupo, enquanto

5 Ideologia ultranacionalista surgida na Alemanha e liderada por Adolf Hitler. Caracterizada por seu racismo e totalitarismo, o nazismo promovia a supremacia da "raça ariana", perseguindo e exterminando grupos como judeus, ciganos e homossexuais.

a segunda o afastou da igreja, já que na maioria das vezes ele observava uma inclinação para defender a doutrina em primeiro lugar.

No período em que Bert viveu no continente africano, aprendeu a falar fluentemente a língua Zulu e participou intimamente da vida desses povos originários, onde pôde observar a sabedoria contida na relação de respeito com a ancestralidade, ou sistema vivo, que é a família de origem. Presenciou na prática o poder da conexão entre todos, considerando parentes que já faleceram com a mesma força de influência dos que estão vivos.

Seu estudo nos mostra que as decisões individuais, na maioria das vezes, são impulsionadas por dinâmicas ocultas, nos revelando que provavelmente não temos muito espaço para decidir a partir da nossa vontade pessoal, pois ela é guiada por uma força que visa proteger e fortalecer o grupo. Bert percebeu o domínio dessa consciência arcaica sobre nós.

Porém, existe uma decisão que é a chave para transformar a experiência: a aceitação do movimento original, para que se conclua e nos libere. Não podemos controlar os conteúdos herdados, mas nosso mundo interno deve estar sob nosso comando. Podemos ficar presos na repetição por inconsciência e resistência ou olhar profundamente para o padrão que se impõe e deixar que ele nos atravesse, para compreender e transformar a partir de nós mesmos. Só assim é possível nos liberar para o novo passo.

A escolha é entre olhar para o passado e condená-lo, o que automaticamente te prende a ele, ou enxergar o significado do que aconteceu, aceitando-o para transformar a própria visão e se libertar do paradigma antigo.

Dentro dessa verdade observável, a Constelação Familiar nos dá um novo ponto de vista quando revisitamos histórias anteriores guiados pelo Amor Sistêmico e pela inteligência do corpo. Então, podemos nos libertar do evento que nos aprisionou lá atrás, pois o que conduz nossas escolhas são imagens congeladas da nossa infância ou de memórias ancestrais herdadas. Geralmente são cenas desafiadoras com as quais não foi possível lidar naquele momento, por isso ficam guardadas na dimensão inconsciente, nos influenciando de forma silenciosa. A abordagem terapêutica vai revelar essa dimensão oculta.

Assim, a Visão Sistêmica nos enxerga como parte de uma grande teia de interrelações, e por isso o que vivemos hoje é fruto de ações dos que vieram antes. Como vimos no exemplo do capítulo anterior, junto com a vida que nos foi transmitida, recebemos a memória das experiências passadas, principalmente aquelas que ficaram pendentes, inacabadas dentro do sistema familiar — inclusive, os traumas emocionais.

Ação interrompida

Trauma emocional significa uma ação interrompida. Por causa do impacto da experiência, a pessoa não consegue agir diante da situação. O bloqueio da ação fica registrado como pendência, algo que não foi concluído, que está inacabado. Então a cena traumática permanece tatuada na alma e passa a conduzir as escolhas inconscientemente através da culpa, da falta ou do medo, que vai funcionar como desejo, porque atrai a mesma experiência. É um mecanismo que quer reviver para superar, ir além do que foi possível no passado. Não há julgamento. Apenas a busca de resolução para seguir adiante.

Todo evento é um processo com início, meio e fim. Há um propósito evolutivo na autossuperação. Se a pessoa não conseguiu agir no momento crucial, a informação de que alguém precisa ultrapassar aquele limite ressoa para todos os que fazem parte do mesmo sistema familiar.

Quer dizer, além da pessoa em questão, outros que se identificam

com ela de modo inconsciente vão atrair situações parecidas como novas oportunidades de agir e concluir o que está inacabado, para que o processo evolutivo siga adiante. Somos o próximo passo.

É importante dizer que muitas vezes a paralisação diante do evento é fruto de um mecanismo de defesa ou preservação da vida da pessoa que está sendo atacada ou abusada. Por exemplo, se o evento acontece entre uma criança e um adulto, o sistema de alarme desse menor identifica o risco de vida diante de alguém *superior*. Outro exemplo é de uma mulher, geralmente menos forte fisicamente que o homem, sendo dominada por ele.

Então, a inteligência inconsciente, que habita o corpo, desativa o sistema de reação para que a pessoa não se coloque em risco através do enfrentamento. É como se o cérebro desse um comando: *Fique quieto. Vai passar.* Vemos esse mecanismo de sobrevivência em vários outros animais na natureza. Isso é uma tecnologia de manutenção da vida, desenvolvida ao longo de milhões de anos. Vai ficando cada vez mais claro que somos uma experiência de ponta da Natureza Universal.

O trauma psicológico se torna físico

Seja por um impacto apenas físico ou também psicológico, o trauma ficará registrado no corpo físico e no corpo emocional simultaneamente, e a pessoa precisará dissolver a memória de dor. Caso não o faça, outros sintomas podem se materializar, já que em última instância muitas das enfermidades são de origem psicossomáticas.

Também é comum a pessoa desenvolver reação física involuntária diante de situações parecidas com a que foi sofrida no passado. Esse conhecimento confirma que nosso corpo está intrinsecamente conectado com a dimensão emocional e espiritual e é a materialização das experiências pessoais e ancestrais. Por isso a Constelação Familiar vai trabalhar a partir das sensações do corpo.

A ciência das Constelações Sistêmicas

Além da experiência decisiva com os povos originários que influenciou Bert a largar a batina e fundar a abordagem filosófica e terapêutica da Constelação Familiar, ele bebeu do conhecimento das esculturas familiares, de Virginia Satir; do psicodrama, de Levy Moreno; dos Campos Mórficos, de Rupert Sheldrake (que se tornou seu amigo); da teoria do script, de Eric Berne; da terapia primal, de Arthur Janov; da fenomenologia, de Friedrich Hegel e Immanuel Kant; dos conceitos da física quântica (como a não localidade); da psicanálise, de Sigmund Freud; da psicologia analítica, de Carl Gustav Jung; da Gestalt terapia; da hipnoterapia; e de outras linhas de conhecimento científico e/ou empírico.

Quer dizer, como orienta em seus ensinos, Bert incluiu todos os conhecimentos tradicionais e os disruptivos da época, percebendo pontos complementares, se permitindo incorporar estudos inéditos e se alargando cada vez mais a partir de uma visão ampliada. Assim nasce a Constelação Familiar. Seu empenho foi para simplificar a maneira de transmitir o conhecimento, tendo as Ordens do Amor como guia sob um olhar livre de intenções e opiniões. Desse modo, através da utilização do método fenomenológico e da observação do essencial, a pessoa bem preparada se torna capaz de perceber as falas de liberação para aquele caso, transformando a situação disfuncional anterior. Portanto, a abordagem é uma cosmovisão extremamente eficiente na busca de soluções em qualquer área da vida, abrindo espaço para incorporar outros saberes que não desvirtuem suas bases. Foi assim que a abordagem ganhou força para se espalhar por todo o mundo.

O movimento reconciliador da essência

Bert tinha um propósito reconciliador tão presente em seu coração que conseguiu tranquilamente beber dos saberes de Freud e Jung, sem pegar para si as divergências dos dois. Desse modo, ampliou o conhecimento sobre inconsciente pessoal, observado por Freud, e inconsciente coletivo, explorado por Jung, se debruçando no estudo do inconsciente de grupo e do movimento do Espírito.

Para quem não sabe, os criadores da psicanálise e da psicologia analítica, respectivamente Freud e Jung, romperam a ligação profissional depois de um importante trabalho em conjunto.

Freud era quase 20 anos mais velho e considerava Jung como um filho. Chamava-o de *príncipe da psicanálise* e o via como um herdeiro. Porém, Jung avançou no estudo do inconsciente, expandindo a visão de inconsciente pessoal para inconsciente coletivo, se conectando com conhecimentos antiquíssimos que criam a ponte entre ciência e espiritualidade.

Com isso, Jung foi além dos estudos anteriores e ousou, em alguns casos, divergir do seu professor, Freud. Discordando, por exemplo, do domínio da sexualidade como a origem de todos os problemas e enxergando que a libido não significa apenas sexo, mas também devoção espiritual, criatividade artística e relação intensa com a vida.

Além disso, Jung mergulhou no universo dos sonhos, observando a linguagem simbólica e arquetípica do inconsciente arcaico, e desenvolveu o conceito de individuação, entre outros estudos que abriram caminhos novos e definitivos para a compreensão da psique ou alma. Trago um dado que considero bastante importante: Jung trabalha na busca da evolução da mente individual para a conexão com uma inteligência Divina, trazendo a noção de sagrado e transcendência. Podemos ver a ideia de regência de uma Inteligência maior também nas Constelações do Espírito.

Capacidade de autoliberação

Esses estudos, que a meu ver são complementares, foram motivo de discórdia entre Freud e Jung. Mas, para todos nós que estamos na Consciência Sistêmica, nada precisa ser excluído. Os dois mestres, e muitos outros, transmitiram bases fundamentais para Bert Hellinger.

Aproveito a história do rompimento entre os dois pensadores e pilares da psicologia como um ótimo exemplo de dinâmica de transferência utilizada na psicanálise e desaconselhada por Bert. É quando o paciente/cliente projeta a figura de uma pessoa importante no seu terapeuta. Geralmente a imagem do pai ou da mãe.

A afirmação de Bert é que, quando isso acontece, o paciente transfere sua codependência em relação ao pai ou à mãe para o psicólogo e pode significar a manutenção da relação infantilizada durante anos. Uma solução possível é encerrar o processo psicanalítico para que esse paciente conquiste sua maioridade emocional.

Se houver algum tipo de conflito no rompimento da relação, é natural. Toda ruptura traz uma centelha de confronto para depois as coisas se pacificarem. Ou seja, o que o paciente não fez na sua vida em relação aos pais vai precisar fazer no divã ou em outra relação, pois é fundamental que haja o movimento de saída para o mundo, assumindo a responsabilidade pela própria jornada e pelas questões pessoais. O simbólico e desafiador corte do cordão umbilical para poder abarcar a diversidade do mundo e crescer verdadeiramente.

Portanto, Bert consegue não só incorporar todo o conhecimento que chegou até ele como também, exatamente por sua capacidade de inclusão, vai além e identifica o inconsciente de clã. Ele foi o primeiro a se dedicar a essa dimensão do inconsciente, que é decisiva em nossas vidas, pois é uma camada da psique anterior ao vasto inconsciente coletivo da humanidade, e por isso está submetida a uma moralidade de grupo mais influente por ser mais próxima. Veja abaixo o que Hellinger (2021)[6] diz sobre o que chamou de *cativeiro do espírito*:

> Muitos psicoterapeutas encontram-se presos a uma determinada visão de mundo que se ergue tal como um muro em volta deles. Não conseguem ir além dela, a não ser que se abra uma nova janela ou uma nova porta. Quem entrar mais tarde nesse campo terá dificuldades em se abrir para novas concepções, pois o campo assume o comando de modo amplo. Este campo morfogenético age como uma consciência. Quando os membros se permitem pensar sobre algo, de forma diferente, de repente se sentem desconfortáveis ou até mesmo com medo e sentirão a consciência pesada.

Como acontece com muitos visionários, Bert foi expulso de alguns círculos acadêmicos por querer avançar através de novos estudos psicoterapêuticos que exigiam a saída de uma zona de conforto para ampliar a visão sobre a psique humana. Em vez de se deixar abater pelas críticas, ele mergulhou ainda mais e foi além, pois a ciência das Constelações se irmana com a da biologia, ou a ciência da vida, como força ordenadora e

6 Hellinger, Bert. O amor do espírito. Belo Horizonte: Atman, 2021.

criativa de novas experiências. Essa força é dominante, porque age através do nosso inconsciente, e a única forma de trabalhar com ela é se tornando conhecedor do seu efeito sobre nós.

Alinhando-se com o fenômeno da vida, Bert transcende a dimensão mental que inventa mundos paralelos de ilusão e desconexão com o corpo coletivo e decide observar a força maior que se irrompe sem obedecer às nossas vontades pessoais. Somos nós que estamos submetidos à sua direção e precisamos perceber seu fluxo, nos alinhando a ele para não sermos arrastados por negação de que existem dinâmicas que nos conduzem coletivamente. O sofrimento se origina da falta de consciência e consequente resistência a essa força.

Então fica a pergunta: temos espaço de escolha?

Bert descobriu uma forma de estarmos alinhados com as leis e, ao mesmo tempo, nos libertarmos dos impulsos inconscientes de repetição. É exatamente nesse ponto de possibilidade de liberação que a Constelação Familiar vai trabalhar, pois temos uma margem de ação que chega com o conhecimento de como o inconsciente de grupo funciona.

Inconsciente de grupo

Como estamos vendo, Bert bebeu da fonte de vários conhecimentos e tem o grande mérito de ter sistematizado um método simples, profundo e transformador, que contém muitas ciências em convergência. Porém, existe um estudo que foi desenvolvido apenas pelo seu olhar atento, graças às perguntas que habitavam seu coração, como citei no início desse capítulo.

Por ter vivido na Alemanha exatamente no período do holocausto e ter presenciado o apartheid na África do Sul, Bert testemunhou atos cruéis contra os irmãos, simplesmente por serem de outra *raça* ou classe social. Assim, vamos mergulhar em uma das questões que o intrigava e que o guiou: o que leva pessoas a cometerem atrocidades contra outro indivíduo e se sentirem bem depois do ato que pode ser considerado desumano?

Entrando nos pormenores dessa descoberta, ele observou com um olhar sensível que essas pessoas eram movidas por uma força de ação coletiva e, depois do ato, realmente se sentiam bem por terem feito algo pelo seu grupo, sem nenhuma reflexão sobre o que causaram. Era como se a união de grupo fosse a condição determinante para a sensação de bem-estar, pouco importando a ação em si.

Como explanei, nosso corpo se forma a partir das experiências e necessidades de movimento evolutivo. Nos mamíferos, a evolução que dá origem ao cérebro que temos hoje se iniciou há milhões de anos e se desenvolveu pela busca de sobrevivência. Assim, nossa fisiologia sedimentou reações de medo, ataque, fuga e paralisação diante do perigo e de outras reatividades que, inúmeras vezes, nos salvaram da morte.

Esse tipo de experiência gerou o cérebro reptiliano, que age em benefício próprio, pensando na sua sobrevivência em primeiro lugar, e que, portanto, está ligado a uma consciência bem pessoal e limitada por um único objetivo: se manter vivo. Nada é mais forte que isso, e a pessoa realmente só pensa em si. Tudo certo. Foi preciso adquirir mecanismos de sobrevivência pessoal para que estivéssemos aqui hoje.

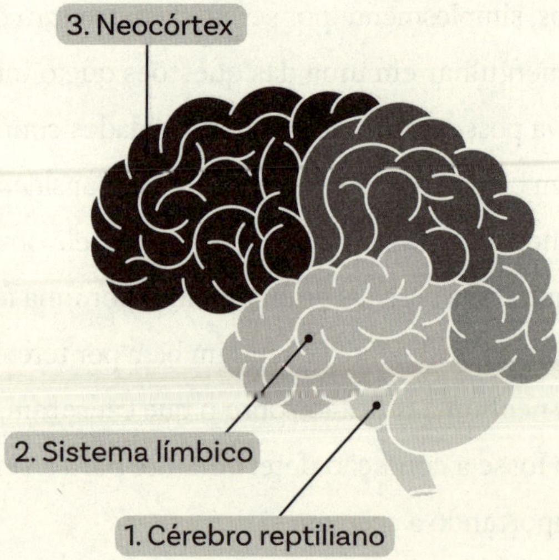

Cérebro reptiliano: formação primitiva do cérebro com conexões básicas de estímulo às ações de autopreservação/sobrevivência: busca de alimentos, autodefesa pelo ataque ou fuga, sexualidade, disputa de território etc. Experiências que naturalmente criam conexões profundas com aqueles que cuidam de nós no período inicial da vida.

Sistema límbico: formação cerebral que se desenvolve a partir das relações de pertencimento e hierarquia familiar ou de grupos de convivência. Morada das emoções. Está presente de forma instintiva e inconsciente nos mamíferos e será nosso foco de estudo do inconsciente de grupo.

Neocórtex frontal: formação cerebral mais recente e desenvolvida na experiência de acesso aos aspectos simbólicos e à capacidade de abstração. Nasce também a partir da conexão metafísica ou transcendência do paradigma materialista para a dimensão multidimensional do Ser. Essa porção do cérebro se desenvolve a partir da percepção do significado de questões complexas e também da capacidade criativa e autoconsciente.

É importante entendermos que não é o cérebro físico que se desenvolve para capacitar a transcendência, mas sim as novas experiências que criam fisicamente as sinapses e reestruturações neuronais.

A matéria se forma a partir do plano sutil

Nos últimos 3 milhões de anos nosso cérebro triplicou de tamanho. Como vimos, primeiro se estabeleceu a porção reptiliana ligada à sobrevivência individual, para então o ser humano desenvolver a dimensão psíquica dos sentimentos e emoções ligados à subjetividade.

Nesse ponto, a multiplicidade humana se estabelece no surgimento do sistema límbico — um nome bem sugestivo sobre a área periférica, negligenciada e, por isso, extremamente complexa. Também conhecida como *cérebro emocional*, essa dimensão psíquica está submetida às memórias coletivas que se alojaram no inconsciente e que, portanto, comandam nossa vida.

Essa dimensão psíquica também está ligada aos relacionamentos de grupo. Ou seja, no caminho natural do desenvolvimento, saímos das necessidades pessoais que garantem a sobrevivência da criança, que é dependente das pessoas mais próximas, e entramos nas necessidades de pertencimento coletivo, nas quais vamos lidar com os vínculos emocionais mais complexos, codependências e toda a fonte de angústia advinda dos relacionamentos que muitas vezes nos fazem sentir habitantes do *limbo* emocional.

Nesse estágio, buscamos entendimento de quem somos através do círculo maior da família e de outros grupos sociais. É o movimento de busca do nosso lugar no mundo e, para isso, um novo mecanismo entra em ação: o inconsciente de clã ou inconsciente de grupo. Assim, Bert encontra a chave de uma de suas maiores contribuições, a resposta que procurou incansavelmente.

A terceira fase do desenvolvimento cerebral está associada ao neocórtex frontal, que é capaz de transcender as dimensões instintivas e equivale ao ser humano consciente e com espiritualidade desenvolvida; porém agora vamos focar no estudo dos cérebros anteriores, que é onde se encontram presas a maioria das pessoas.

Abro parênteses para dizer que, em alemão, existem dois nomes para diferenciar os tipos de consciência. Uma delas é a consciência ***gewissen***, que é instintiva e inconsciente, porque está submetida à moral do grupo e ao sistema límbico. Ou seja, essa é uma dimensão psíquica que se constrói pela sensação de culpa ou inocência, exclusão ou pertencimento ao clã.

Tudo o que for considerado pelas regras específicas daquele clã, como apropriado será executado por seus membros com paz no coração. E tudo o que for considerado errado pela moral específica daquele grupo vai provocar culpa e sofrimento. O mecanismo acontece independentemente da nossa vontade pessoal, pois é inconsciente.

E temos a outra consciência com significado mais parecido ao que damos a essa palavra, que é a consciência psíquica ou consciência espiritual: *bewusstsein*. Essa consciência se refere à conexão com a Inteligência que rege o universo e vai muito além da pessoa e do grupo. A consciência *bewusstsein* está em processo de expansão e, na matéria, corresponde ao neocórtex frontal, etapa mais recente na história do desenvolvimento humano, de aproximadamente 250 mil anos. Vamos adentrar essa dimensão transcendente no final do livro.

O instinto de sobrevivência

O primeiro período do desenvolvimento está ligado ao núcleo familiar original (cérebro reptiliano), ou seja, pai, mãe e irmãos biológicos — aqueles que fazem parte da nossa primeira experiência de sobrevivência. Cuidadores vão participar dessa dinâmica, porém com menos poder de influência do que aqueles que nos transmitiram memórias através de conexões físicas e metafísicas, independentemente da presença deles. Nessa fase, percebemos de maneira profunda os medos e desejos de pai e mãe e às vezes os tomamos inconscientemente para nos *salvar* através da *salvação* dos dois. Nos comprometemos a fazer tudo que os liberte de destinos ameaçadores. A Constelação Familiar vai jogar luz sobre esses compromissos inconscientes com doença e fracasso, para então trazer movimentos possíveis de autoliberação.

Já o inconsciente do clã atua de modo um pouco diferente (sistema límbico). Determina que a coletividade, como a família ou grupos sociais, precisam se manter íntegros em detrimento de outros. Nesse estágio, a visão se ampliou um pouquinho, pois agora já não é a sobrevivência apenas do indivíduo, mas do grupo. Porém, ainda é excludente, pois a força instintiva e inconsciente, que cria a união do coletivo também, impele seus membros a excluírem todos os outros que são diferentes. É aqui que a repetição de padrões atravessa gerações, se impondo como força oculta ou inconsciente, para fortalecer a moral ou crenças inerentes àquele grupo específico.

Portanto, o comportamento desumano de alguém que mata pode lhe trazer uma sensação aparentemente positiva se essa pessoa pertence a uma família de matadores. Inconscientemente, esse indivíduo se sente incluído em algo maior, que é sua família. Seu lugar no mundo se estabelece pelo sentimento de fazer parte de um coletivo, e quanto mais ele servir ao grupo fazendo igual, mais essa comunidade e cada membro se fortalece.

Esse fenômeno é claramente observável nas torcidas de time de futebol, que geralmente se formam por influência da família que já tem um *time de coração* ou de algum grupo significativo na vida do indivíduo. E o que podemos enxergar é que se aqueles onze homens ganham a partida, todos os torcedores do time vencedor se sentem fortes. Se os onze homens perdem, seus torcedores se sentem fracos, perdedores, chegando a sentir vergonha profunda. Isso está ligado à necessidade de pertencimento de uma maneira tão instintiva que acaba aprisionando as pessoa dentro de um campo unificado. É o inconsciente de grupo atuando.

Com o avanço do conhecimento, podemos parar de nutrir comportamentos instintivos de grupo para trazê-los à luz da consciência. Afinal, é através do mesmo inconsciente instintivo, que direciona multidões de torcedores de futebol, que os grupos de extermínio e repressão são criados e manipulados por uma minoria pensante.

Essa força instintiva se impõe para aqueles que estão inconscientes do mecanismo, como nas *guerras santas*. A ação do grupo se torna tão dominadora que, em muitos casos, as pessoas acreditam escutar a *voz de Deus* as impelindo a matar por uma *causa maior.*

A chave que liberta

A única forma de não sermos totalmente comandados pelo inconsciente de grupo é ter consciência de como ele atua, para podermos enxergar seu efeito sobre nossas ações e escolher fazer diferente do movimento coletivo. É saber que a voz de Deus nunca vai nos pedir para matar e jamais será excludente, mas vai nos inspirar a incluir, acolher e agir pelo bem de todos os envolvidos. Essa é a Luz capaz de nos acordar do transe da ação instintiva.

> *"O herói dos mitos (gregos) sempre fracassa movido por uma consciência pessoal, e aquilo que é atribuído aos deuses é o que atua na consciência coletiva inconsciente. Da atuação conjunta dessas duas consciências é que se origina o destino e de um modo que não podemos controlar se não entendermos a atuação dessa consciência inconsciente."* — Bert Hellinger

O que Bert Hellinger diz aqui está totalmente em sintonia com a ciência da biologia, que afirma que a evolução se dá pela combinação de duas forças: a repetição dos padrões conhecidos, que ainda são funcionais (memória dos hábitos ancestrais), e a inovação dos modelos que não servem mais (trazidos por um indivíduo inovador ou o herói dos mitos gregos). Se dispormos de apenas uma das forças de movimento, a evolução não acontece. É preciso que haja repetição e inovação equilibradas.

A escolha de fazer diferente trará culpa e sentimento de não pertencimento, que é o primeiro passo para a individuação proposta por Jung. Esse processo exige que o indivíduo esteja realmente maduro para exercer sua liberdade de optar pelo novo passo, arcando com o peso emocional de uma possível exclusão do grupo. É muito mais fácil fazer igual a todos, não é mesmo?

Portanto, a pessoa que mata em nome do seu grupo, que ela percebe ser mais forte que ela, se sente fortalecida e *inocente*, como uma criança em busca da aprovação dos pais.

Desse modo, pessoas que fazem parte de grupos de opressão conseguem exterminar e se sentir bem por estarem fortalecendo o grupo

e, ao mesmo tempo, se fortalecendo através dele. São incapazes de questionar o próprio ato de maneira independente, pois fazer parte do lado que exclui ou explora traz mais sensação de força e poder do que estar na consciência pessoal, quando esta tem visão limitada.

Então Bert finalmente encontra uma de suas respostas, pois é sob o domínio dessa mesma força instintiva que busca a manutenção de território que agia a classe repressora no apartheid africano, as famílias mafiosas e os soldados em cada lado da guerra.

Dinâmica oculta

Na Constelação Familiar, essa força instintiva que impulsiona a repetição de padrão comportamental é chamada de *dinâmica oculta*. Enquanto outras linhas de ajuda psicológica lidam com o que está visível para encontrar caminhos de resolução, a Constelação tem recursos para enxergar, em uma única sessão, o ponto cego e a origem do padrão que ninguém sabe ainda. Nem o cliente.

Isso acontece através da fenomenologia observada por Bert durante o processo, um passo gigantesco no desenvolvimento do estudo do comportamento humano. Não significa que ele inventou o método fenomenológico, pois se manifesta naturalmente na vida. Porém, ele observou e não teve medo de usar o fenômeno na captação de informação do campo psíquico como ferramenta de leitura do que é invisível aos olhos, do que é essencial. Dessa forma, a origem da dificuldade se revela nos permitindo desatar nós que, por estarem ocultos, travam o desenvolvimento pessoal há gerações.

Você percebe o poder desse conhecimento para que possamos nos desvincular da dinâmica oculta que nos aprisiona aos grupos familiares e sociais, nos possibilitando estar no caminho de uma real individuação?

Além de se permitir enxergar o que é oculto, Bert entendeu as leis que regem o inconsciente instintivo e, seguindo o caminho da lógica, percebeu as chaves que desfazem os compromissos inconscientes com padrões autodestrutivos, sem desobedecer às regras. Vou explicar.

Se sob o domínio da dinâmica oculta nosso Ser experimenta o aumento da força pessoal por estar associado ao coletivo, o que seria ainda maior do que o grupo de pertencimento familiar ou social? A família humana, a evolução — a Criação.

Essa conclusão por si só já nos coloca em alinhamento com uma força superior a qualquer grupo que possamos criar aqui no nosso mundinho. Porém, para conseguirmos levantar os olhos para horizontes mais amplos, precisamos de um poder especial: o Amor.

Não o amor condicionado, que está mais associado à posse, controle, carência e eventos externos. Falo de um Amor como força, estado de espírito e de vibração, pois só podemos sentir e enxergar esse Poder Superior se estivermos em frequência com Ele.

O poder da humildade

Por influência dos tempos modernos, que disseminam menosprezo e invalidação do pensamento ancestral, muitas pessoas negam a própria história familiar e tentam desesperadamente, e sem sucesso, se desconectar do passado muitas vezes sombrio para encontrar um lugar ao sol. O mais comum é que elas, depois de muita luta, se peguem vivendo exatamente como seus pais e avós.

Então, podemos observar que existem as pessoas que obedecem cegamente aos padrões sistêmicos familiares e aquelas que tentam a todo custo fugir deles. Nos dois casos, não há chance de liberação do passado.

Duas das maiores fontes de estudo de Bert diziam o seguinte:

"A fuga é o instrumento mais seguro para se cair prisioneiro daquilo que se deseja evitar." — Sigmund Freud

"Até você se tornar consciente, o inconsciente irá dirigir sua vida, e você vai chamar isso de destino." — Carl Gustav Jung

Assim, dependendo da postura que a pessoa adota, Bert nos revela duas chaves de libertação dos padrões repetitivos: se a pessoa nem enxerga que está vivendo a mesma vida de seus pais e avós, ela tem a opção de olhar para trás e se conscientizar de que sua existência é uma cópia de histórias recentes. Esse é o primeiro passo e, em alguns casos, a tomada de consciência se torna fator de autotransformação.

E se a pessoa nega ou foge dos padrões familiares, a saída é reconhecer o valor do que recebeu, a vida, o bem maior, sem críticas ou condenação ao passado, reconhecendo que cada pessoa fez o seu melhor, deu o que tinha para dar e que ela só se tornou forte por causa dos desafios. Nessa postura, que traz o poder da humildade, a pessoa pode pedir aos que vieram antes a benção para dar um novo passo a serviço de algo maior do que o próprio sistema. A serviço da família humana e do Todo, que nos pede rendição e coragem para evoluir rumo a novas experiências.

A Constelação Familiar pode liberar os padrões repetitivos, trazendo como base uma visão ampla e em concordância com o passado, pois existe uma regência perfeita para que possamos desenvolver recursos adormecidos. A dificuldade se estabelece para que possamos dar o grande passo: aceitar o que foi para nos realinhar com a força da Vida, que é o mesmo que a força do Amor, a força da Gratidão — desapego das opiniões do ego. Isso só pode acontecer se estamos de peito aberto e conscientes da nossa ignorância. Desse modo, o Todo pode agir através de nós, nos guiando na direção de histórias realmente novas.

> *"Seja humilde se queres obter a sabedoria. Porém, seja ainda mais humilde quando a tiver adquirido."* — Helena Blavatsky

DESENHANDO A FAMÍLIA PERFEITA

Desenhe cada membro de sua família de forma simples.

Coloque-os na posição que sente em seu coração. Mais perto ou mais longe de você.

Observe durante um longo tempo. Deixe as sensações e sentimentos virem à tona.

Escreva uma lista de características que não gosta no seu pai ou na sua mãe.

Reflita sobre as potencialidades que você desenvolveu graças às faltas que teve.

Por exemplo: ausência de mãe te tornou autossuficiente emocionalmente, a ausência do pai te fez capaz de se proteger e prover etc.

Agora, desenhe sua família como gostaria que ela fosse: a família perfeita.

Observe e reflita.

Se você tivesse tido essa família ideal, você teria as forças e talentos que desenvolveu?

Agora se deixe levar pela intuição desenhando sua família possível. Ou seja, não é aquela que está estabelecida e não é aquela que você fantasiou.

Reflita sobre tudo que pode mudar dentro de você, te tornando melhor e transformando suas relações.

O que você é capaz de mudar em si?

Esse terceiro desenho corresponde à família transformada a partir da sua autotransformação.

As pessoas que estavam afastadas podem se aproximar, mas se você sentir que alguém precisa se manter longe ou quem está grudado precisa se liberar, siga sua intuição.

Deixe a configuração se mover na direção que seu coração sentir.

Desenhe a movimentação até perceber que é hora de parar.

Observe o desenho da família reconfigurada. Perceba que sua autotransformação te capacita a incluir ou aceitar cada um como é. Incorpore a nova imagem.

Sinta como seu coração cresceu com esse movimento.

5
Ritos de passagem

> *"Tudo o que é seu encontrará uma maneira de chegar até você."* — Chico Xavier

A segunda batalha interna que vivi foi o sentimento de inadequação que começou na infância e foi até a pré-adolescência. Uma história que traz com clareza a necessidade de incorporarmos o passado para darmos um novo passo com base na força que recebemos.

Sou filha e neta de duas mulheres que traziam em si a potência da arte da comunicação. Tanto minha mãe quanto minha avó manifestavam suas almas de artista em casa com a família. Vovó costumava colocar barba postiça e se fantasiar com figurinos exóticos que ela mesma confeccionava. Engrossava a voz e fingia que era outra pessoa. Muitas vezes me convenceu de que era um estranho homem que entrava no apartamento procurando alguém para transmitir uma mensagem secreta. Sua vida de dona de casa não dava espaço para se aventurar além disso, e hoje sinto que a maneira como expressava sua criatividade já era um enorme passo, o que ela dava conta de avançar naquele momento.

Minha mãe foi um pouco além em relação à minha avó. Casou-se com um artista plástico. Estava finalizando o magistério quando decidiu se matricular em um curso de artes plásticas para conhecer pessoas que tinham a coragem de sair do comportamento normativo da classe média. Ela conta que queria uma vida de aventuras intelectuais, viagens, encontros instigantes.

A coragem de minha mãe fez com que decidisse criar os filhos em um sítio numa época em que a alienação em relação à natureza e o consumismo só cresciam. Dona Alba nos tirou da escola infantil e decidiu que ela mesma nos alfabetizaria no ambiente natural. Afinal, ela tinha feito o magistério e parou de exercer o ofício de professora para se dedicar à arte e à família. A essa altura, havia se tornado poetisa, escritora e roteirista dos filmes de meu pai.

Vale dizer que os dois flertaram com o modo hippie de viver depois de um tenebroso momento da vida do casal, em que atuaram como ativistas pela justiça social através da arte engajada; porém, com a chegada da ditadura militar, essa atuação rendeu a prisão de meu pai, com tortura psicológica sobre sua família por vários dias.

Éramos eu, bem pequena, minha irmã 2 anos mais nova, e eles dois. Os ânimos exaltados diante do desrespeito aos direitos humanos rapidamente iam projetando um caminho de luta, tensão e risco de vida. Decidiram pela sobrevivência pacífica da família, colocando o foco na arte como caminho de reflexão e libertação do sistema imposto.

Cresci no quintal da nossa casa, subindo em árvores, sem televisão e sem escola formal. Você consegue imaginar um bicho do mato? Provavelmente eu já tinha a tendência de entrar num casulo, e foi isso o que aconteceu até os meus 13 anos mais ou menos. Me sentia estranhíssima, porque na verdade eu achava meus pais bem esquisitos. Eles viviam na contramão de tudo o que era a tendência comum, e na transição da infância para a pré-adolescência minha sensação de inadequação só crescia, me travando completamente na interação com as pessoas.

Meu mundo era minhas irmãs, Cândida, e agora Flor, nove anos mais nova, e os filhos dos caseiros que moravam na nossa rua de terra batida.

Assim é traçado meu segundo maior desafio no radar da memória.

Dificuldade de comunicação

Lembro de algumas festas adolescentes às quais fui levada, pois eram na casa de parentes. A experiência foi tão sofrida que decidi evitar situações que pudessem me causar tamanho constrangimento. A cena que ficou marcada na minha alma foi eu colada na cadeira, dizendo *não* para os meninos que me pediam para dançar, enquanto pessoas em volta disfarçavam sorrisos de deboche.

Recordo que esse bloqueio foi piorando à medida que eu fugia da oportunidade de interagir com alguém que não fossem os meus amigos do quintal. E essa postura ia me fazendo sentir cada vez mais invisível, insignificante.

Algumas vezes na vida adulta encontrei pessoas que me revelaram sua enorme surpresa quando começaram a me ver atuando em um veículo de massa. Como a Ingra, que vivia encolhida num canto sem falar com ninguém, se tornou uma atriz de televisão?!

Durante um tempo consegui evitar a vida social, mas aos 12 anos o desafio maior chegou. Finalmente eu ia ingressar numa escola formal, talvez a maior de Salvador na época, Escola Teresa de Lisieux. Foi aí que meu convívio virou um espaço de sofrimento. Eu realmente tinha muita dificuldade de me comunicar. Quando um garoto popular passava por mim me cumprimentando, minha boca engolia a voz e minhas pernas tremiam.

A negação

Quanto mais minha vida familiar se enriquecia de artistas de todas as áreas frequentando nossa casa e até fazendo reuniões decisivas para a criação de novas políticas culturais através de leis de fomento às artes, mais eu me sentia esquisita e queria ser tudo o que meus pais escolheram não ser. Eu queria ter um nome comum, consumir roupas burguesas, salto alto, televisão e hambúrguer. Mas minha realidade era um nome inventado, roupas largas, alpargatas, quintal, comida macrobiótica e sem televisão. O extremo oposto.

A ausência de equilíbrio tem a ver com a necessidade deles de negar algo que estava na outra extremidade, pois de fato a sociedade refletia um pensamento consumista exagerado. Esses ciclos de compensação pela oposição só podem se encerrar caso apareça alguém disposto a olhar o quadro todo e escolher o caminho do meio, do equilíbrio.

Mas, como naquela época eu não tinha essa compreensão, segui na inconsciência buscando o movimento contrário ao de meus pais. Portanto, primeiro meu mecanismo de defesa foi me fechar, e quando não pude mais sustentar essa escolha que era fruto da imaturidade natural da idade, tentei ser diferente deles. Minha sensação era de que não me enxergavam. Identifiquei de maneira intuitiva que o estilo de vida alternativa era a fonte do meu sentimento de inadequação e tomei a decisão de mudar completamente minha maneira de ser.

Em casa, eu continuava sendo a Ingra que eles conheciam, mas, na rua, eu fumava cigarro, mascava chiclete e frequentava festas. Precisava ter histórias comuns para contar. Eu mesma ajustei a calça do uniforme escolar, e assim a sensualidade foi entrando no meu corpo e na minha vida. Decidi então que eu me transformaria em outra pessoa.

Movimento de compensação

A Visão Sistêmica nos mostra que existe um movimento de compensação para toda experiência extrema. E geralmente são os filhos que fazem esse contraponto para equilibrar a balança, principalmente na adolescência, através da rebeldia, que foi o meu caso.

Se os pais adotam um movimento radical, condenando a manifestação do oposto, muito provavelmente seus filhos serão impelidos a viver o modo excluído por eles. Isso nos revela a necessidade de fazer escolhas respeitando e acolhendo a existência do que não queremos para nós, compreendendo que o que não escolhemos também está a serviço da nossa decisão, pois só podemos ter consciência das diferenças pela existência dos opostos, pelo contraste. Se tentamos excluir o que tememos para proteger nossos filhos, acontece exatamente o contrário: eles estão sujeitos a buscar inconscientemente o que lhes foi negado.

Trago como exemplo disso a história de Sidarta Gautama, o Buda, que passou boa parte de sua vida impedido de ver a pobreza, a doença e a morte por decisão de seus pais, que tinham a intenção de protegê-lo das fragilidades humanas. Pois o efeito foi exatamente o contrário. Quando, ainda jovem, Sidarta vê pela primeira vez as mazelas da condição do ser vivente, o impacto intensificado pelo desconhecimento total é tão profundo que o rapaz abandona a casta de príncipe herdeiro do trono e inicia sua busca incessante pelo sentido da vida.

Em sua experiência evolutiva, depois de ter sido privado de algumas verdades, Buda precisou abandonar radicalmente os valores da realeza até encontrar o caminho do meio e renascer como mestre capaz de guiar multidões na direção do equilíbrio.

Seus pais fizeram algo errado? Se observarmos que, já como Buda,

Sidarta fundou um dos pensamentos mais lúcidos sobre a natureza da existência, trazendo a luz da consciência ao jogo da vida, podemos concluir que seus pais fizeram um grande serviço à humanidade.

Olhando tantos exemplos e o conhecimento disponível, pergunto-me: será que já podemos honrar as lições recebidas e libertar nossos filhos de nossos radicalismos, para que eles façam escolhas genuinamente suas, em vez de precisarem compensar nossos olhares extremistas e excludentes? Será que agora podemos evoluir no amor incondicional, na compreensão do sentido de tudo o que há, dentro do processo de evolução?

Portanto, toda a condenação dos pais a um modo de vida pode criar uma compensação inconsciente por parte dos filhos, intensificando sua atração pelo que seus pais condenaram.

A libertação

Guiada inconscientemente pela dinâmica oculta que busca equilíbrio e inclusão, decidi me tornar o que nunca havia sido: atraente, comunicativa e descolada.

A decisão de mudar aconteceu numa virada de ano, e rapidamente a transformação foi se materializando. Dica: mudanças coletivas de ciclo são como portais de autotransformação. Podemos pegar carona na onda energética de finalização e reinício para virar chaves importantes.

Em poucos meses, me tornei a pessoa que queria ser. A fala foi se soltando à medida que meu quadril começou a balançar e meus pés pisavam na vida com mais firmeza. A expansão foi se dando aos poucos, e, à medida que eu conquistava meu lugar de força, a resistência a uma vida alternativa diminuía. Felizmente acordei para o que realmente tinha valor e me redirecionei a tempo.

Na interação com outros jovens, comecei a perceber a superficialidade da mentalidade consumista e a riqueza da educação diferenciada que havia recebido da minha família. Desde muito pequena, acompanhava meus pais na montagem de instalações de artes plásticas em bienais que rompiam com a linguagem artística vigente e apontavam para a liberdade de expressão. Eu nasci e cresci dentro de uma reforma de ideias sem me dar conta da influência profunda de tudo isso na formação da minha psique. Fui lapidada pela busca de liberdade para expressar minha alma, meu coração.

Aos poucos, a artista em mim ia se fortalecendo e ganhando contornos de uma dançarina. De repente, ser dançarina contemporânea se tornou um sonho que eu alimentava dia e noite. Passei nos testes vocacionais, fiz a prova do vestibular e entrei na faculdade de dança da Universidade Federal da Bahia (UFBA).

Nesse ponto, eu me tornara alguém fluente na comunicação e influente na arte de circular por todos os lugares. Porém, com um ano de faculdade, viajei para passar um réveillon em Búzios, no Rio de Janeiro, estiquei a estadia para o verão, tranquei o semestre na faculdade e, quando me dei conta, a vida já havia tomado as rédeas da minha história, e eu viajava a galope.

Aos poucos, me estabeleci na capital carioca, rompendo os limites das histórias anteriores. Minha autopermissão para viver o sucesso estava sendo trabalhada pela vida, trazendo resultados inimagináveis. Em pouco menos de dois anos residindo na cidade maravilhosa, me tornei referência de talento como atriz iniciante na cena local e, consequentemente, no Brasil, pela força de exposição do meio televisivo.

Nada foi planejado por mim conscientemente, mas, sim, desejado profundamente por mulheres de várias gerações que, com seus passos firmes na construção da expressão criativa pessoal, me transmitiram o desejo de brilhar através do caminho iniciado lá atrás com pequenas ações no cotidiano da família. Histórias que nem escutei criavam condições subterrâneas para o florescimento de um dom artístico, com força suficiente para chamar a atenção de uma cidade, de um país.

Tudo o que tentamos excluir se fortalece

No exemplo da minha negação e depois alinhamento com os desejos ancestrais, vemos o movimento de *compensação* e o de *confirmação*. Ambos são relativos às experiências anteriores. Portanto, quanto mais consciência sobre essas dinâmicas, mais podemos realizar nossa parte para nos liberar um pouco das influências inconscientes.

O movimento de compensação dentro do sistema familiar tem como uma de suas bases a lei do pertencimento (da qual vamos falar mais adiante), pois, muito do que os pais tentam excluir influenciados pela moralidade cultural de um tempo, os descendentes vão buscar para reintegrar no sistema, como aconteceu na minha necessidade de viver o oposto deles para incluir o que foi excluído. Então, na leveza do equilíbrio entre as polaridades, pude me abrir para ser impulsionada pela força de vontade das minhas ancestrais.

Como herdamos as facilidades dos caminhos já percorridos, mas também as dificuldades com seus desejos não manifestados, por causa da minha linhagem, desenvolvi uma atração forte e inconsciente para viver a arte e a aventura da vida. Vale dizer que, com mais de 70 anos, já viúva, minha avó entrou no curso de teatro, e eu estava lá no dia que ela se apresentou pela primeira vez. Nessa época, eu já tinha uma história como atriz, e hoje percebo a ressonância dos meus passos de autorrealização ecoando em todo o sistema da minha família, destravando caminhos fortemente ansiados.

A experiência delas fortaleceu meu desejo de romper a condição limitante. Se o meio social pede a autodomesticação dos impulsos genuínos e as pessoas se submetem engavetando seus sonhos, esse sentimento de frustração se fortalece no inconsciente da família até transbordar através do movimento de um descendente que se permite incorporar a potência que vem da ancestralidade para dar um novo passo.

Então, a alma coletiva finalmente se manifestará com toda sua força, em todo seu esplendor.

Essa é uma dinâmica psíquica observável na vida de qualquer pessoa, se tivermos olhos sensíveis e sinceramente atentos para a verdade.

> "*Você é o sonho realizado de todos os seus ancestrais.*" — Bert Hellinger

DATAS

Procure saber nome, data de nascimento/morte e profissão dos seus avós, bisavós e tataravós.

Observe as similaridades da sua vida com a deles.

Não se assuste com as correspondências. Quanto mais consciência sobre suas fidelidades ocultas, mais você consegue aproveitar o que é positivo e se libertar do que é negativo.

Identifique o que é positivo e agradeça, incorpore.

O que você perceber como negativo, entregue ao dono com respeito e gratidão.

De acordo com seu sentimento, acenda uma vela, observe uma foto, ou simplesmente feche os olhos e imagine o antepassado em questão.

Agradeça a vida transmitida por ele. Diga-lhe que respeita suas escolhas e peça sua bênção para você fazer diferente.

Incline sua cabeça sentindo a bênção que vem do ancestral. Tome seu tempo e, quando erguer a cabeça, se volte para uma nova direção.

Experimente atrás de você a força dos ancestrais, pais, avós, bisavós, um legado de experiências valiosíssimo à sua disposição.

Sinta-se ocupando um novo lugar e olhando para um novo destino.

Contemple a nova direção por um tempo. Feche os olhos e incorpore o que recebeu...

6
O amor e a ordem

> *"Há mais mistérios entre o céu e a terra do que pode supor nossa vã filosofia."*
> — William Shakespeare

Na base dessa nova abordagem que é sistêmica e usa o método fenomenológico, Bert observou leis que regem as relações humanas e que, quando são desrespeitadas, interrompem o fluxo do amor, a fluência da vida. É exatamente como uma doença, que interrompe o fluxo vital de saúde no organismo físico, visto que nosso corpo também é feito de sistemas interligados, como respiratório, circulatório, imunológico, nervoso etc. Isso acontece quando um fator externo interfere, provocando bloqueios que, por sua vez, geram sintomas de desconforto para informar que existe algo atrapalhando o funcionamento harmônico. A manifestação patológica está a serviço da saúde, pois aponta para o que precisa ser visto e tratado. É um sinal de alerta.

Como citei no início do livro, o sintoma traz uma mensagem da alma e se nos tornamos pouco resilientes ao desconforto e tomamos logo uma droga para cortar o sintoma, que é o mensageiro, perdemos a chance de receber a mensagem e trabalhar na origem do distúrbio.

Assim acontece com o fluxo do amor no sistema familiar. Amor como força da vida que une as partes do sistema para potencializar e evoluir. Se uma atitude ou sentimento bloqueou o movimento de expansão amorosa na família, surgirão sintomas de dificuldade em uma ou mais pessoas pertencentes ao clã, para que o desconforto crie um novo movimento de autorregulação. Aqui também o sintoma vem para chamar nossa atenção para um tema de evolução que precisa ser visto, incluído e transformado.

A interrupção do fluxo do amor pode acontecer por um desrespeito inconsciente a uma das três Ordens do Amor, mas também pode ser fruto de um evento inesperado. Por exemplo, se uma mulher morre no parto, poderá haver uma interrupção no fluxo do amor da mãe para a filha. Nesse caso, a filha, ao se tornar mãe, terá dificuldade de dar colo, emocionalmente falando, porque ela não o recebeu. A neta pode ter a mesma dificuldade com a bisneta, e assim a dinâmica oculta vai se repetindo até uma mulher tomar consciência da falta e buscar uma experiência de acolhimento para incorporar o que não recebeu.

A Constelação Familiar abre essa oportunidade, onde a representante da descendente pode dizer para a representante de sua bisavó: *Querida bisavó, eu sinto muito pelo seu destino. Você fez muita falta para sua filha, mas não morreu em vão. Em honra a você eu recebo a vida que chegou até mim e a vivo plenamente te levando no meu coração. Me abro internamente para receber da Mãe Universal o colo que fez falta a tantas mulheres, e encontro o amor maternal dentro de mim, para transmitir esse amor à minha filha, deixando que a vida volte a fluir.*

As palavras precisam ser proferidas através de sentimentos verdadeiros que vão ressoar no corpo, pois a memória adquirida há gerações não chegou na mente consciente dos descendentes. Muitas vezes a pessoa nunca escutou a história de que a bisavó morreu no parto, mas a memória está lá incorporada, manifestando carência, falta e dificuldade de viver uma troca afetiva plena.

Esse conhecimento tem revolucionado várias áreas da vida pela possibilidade de ajuda na medida que revela a verdade submersa, que é rapidamente reconhecida pelos envolvidos. Bert observou e trouxe como base três leis muito simples que são como forças ordenadoras que abrem caminho para o fluxo do amor. Ele chamou de ordens, pois considera que o amor é como as águas de um rio que precisa das margens para fluir com direção e força. As ordens delimitam e conduzem as águas que representam o amor como energia mantenedora da vida, pela transmissão e expansão.

Nesse momento, as Ordens do Amor se apresentam como foram forjadas ao longo de milhares de gerações. Não é algo que podemos mudar de acordo com nossa opinião ou vontade do ego, mas, sim, através da experiência de gerações, em que uma nova forma de ser e estar possa gerar mais força para a evolução pessoal e coletiva.

Por isso, a ciência das Constelações nos pede observação constante e abertura para novas percepções, pois não são leis talhadas na pedra. São padrões claramente observáveis relativos a esse estágio da evolução humana. À medida que nos colocamos abertos para a autotransformação, a mudança acontece através de nós. Podemos ser agentes e observadores do nosso próprio desenvolvimento através de gerações. Portanto, estamos falando de sutilezas, nuances que fluem ao longo de vidas, uma ciência viva!

Desse modo, trarei as bases da Constelação Familiar pedindo que você se perceba entrando em uma casa que está sendo construída. Disposto a observar sua solidez, mas também deixando portas e janelas abertas para ver outras possibilidades, se permitindo participar da construção de novos cômodos, além dos que já existem. A Constelação Familiar é o passado, o presente e o futuro trabalhando juntos.

Depois que eu apresentar os conceitos fundantes e vários exemplos clássicos, falarei de movimentos inéditos que tenho experimentado durante o trabalho, guiada por uma conexão que ainda estou investigando.

As Ordens do Amor:

- Pertencimento: dentro do sistema familiar, cada pessoa tem o direito de fazer parte e não pode ser excluída por nenhum motivo.
- Ordem de chegada: existe uma ordem de chegada, uma hierarquia natural que, ao contrário de limitar, revela o lugar de força e função de cada indivíduo dentro do sistema.
- Equilíbrio da troca: a relação só se estabelece com consistência se houver equilíbrio na troca entre o dar e o *tomar*, que quer dizer receber sem medo de desfrutar, tomar posse.

A existência dessas três ordens, que estão acima da moralidade de cada grupo, deixa claro o fato de que estamos dentro de uma rede de correlações que nos afeta e é afetada por nós o tempo todo. Aos poucos, abordarei essas leis, dando exemplos de cada ordem, pois esse tipo de aprofundamento só é alcançados nas vivências. Darei meu melhor através de algumas histórias com as quais trabalhei para que você consiga perceber as nuances e aplicar o fundamento em qualquer situação com toda a amplitude de visão e flexibilidade que essa ciência pede.

Vibração das experiências de vida

Quem olha para a caminhada humana apenas pela perspectiva da individualidade sem considerar as correlações dentro do sistema familiar já começa de uma base ilusória sobre a verdadeira condição da nossa existência. Somos parte de um corpo estendido que se manifesta em cada ser aparentemente separado e intrinsecamente interligado.

Aos olhos da Visão Sistêmica, todos que já fizeram a passagem permanecem vivos no inconsciente do clã que ressoa por várias gerações. Dentro de uma Constelação Familiar não há distinção entre vivos e mortos. Todos fazem parte e precisam ser vistos, integrados, honrados por sua existência, independentemente de suas ações, pois, para a evolução, o que vale é a experiência.

Todas as escolhas precisam ter um lugar de legitimidade dentro do grupo, e quem as fez com as consequências mais sofridas por prejudicar outros também precisa ser reconhecido e incluído tanto quanto os *bons*. Inclusive por sua disposição de passar por rejeições em nome da necessidade daquele grupo de experienciar a vida de todas as formas para adquirir consciência e evoluir.

O que aprendemos no processo da Constelação é que a maioria das ações que alguém manifesta nasceu e está a serviço do coletivo. São ações que trazem um assunto à luz para ser integrado e transformado. Aquele que cometeu algo condenável está a serviço do grupo. É muito cômodo para todos apontar o dedo e se sentirem liberados da responsabilidade, mas a verdade é que cada pessoa tem sua parcela de participação no que está acontecendo. Pois, em toda e qualquer relação, o quinhão de responsabilidade é sempre 50% para cada lado. Seja por escolhas conscientes ou não. Seja pela ação ou pela inação.

Muitas vezes um ato virtuoso ou terrível foi praticado por um, mas foi pensado por muitos. Portanto, a *forma pensamento* alimentada por todos vai se fortalecendo até alguém mais sensível captar o campo sutil coletivo e manifestar.

Portanto, se olharmos através desse conhecimento, deveríamos agradecer àqueles que, dentro do nosso sistema, se colocaram para viver as histórias mais desafiadoras através do erro, pois recebemos os benefícios do aprendizado sem termos sofrido as consequências da autoria em nossa própria pele. Podemos observar com profundidade o que aconteceu e aprender, buscando compreensão e inclusão interna. Se for o caso, a pessoa pode se afastar daquele que cometeu o ato destrutivo, mas é preciso dar um lugar ao perpetrador na memória do sistema. Afinal, tudo o que acontece tem um propósito evolutivo na escola da vida. Aprender com postura respeitosa ao erro alheio e ser capaz de acolher no coração as pessoas difíceis é o que realmente forja nossa humanidade e nos faz crescer. Incluir pessoas agradáveis é fácil. Não nos tira da zona de conforto.

A transmissão de memórias das experiências pessoal e coletiva se dá pelo Campo Mórfico, amplamente demonstrado por alguns cientistas, principalmente o biólogo inglês Rupert Sheldrake (vamos falar sobre isso mais adiante).

O fenômeno que revela que todos estão presentes e manifesta as informações nada tem a ver com espiritismo (sem nenhum demérito a essa filosofia tão profunda e séria), mas aqui estamos falando de um Campo Psíquico comum. Muitas dessas pessoas que estão sendo representadas não só estão vivas, como também estão presencialmente na Constelação Familiar. O que é canalizado através dos representantes é o Campo que contém o registro das experiências de cada membro da família ali representado, e não seu espírito.

Inclusive, uma das características inerentes a esse trabalho é a possibilidade de acessar informações por ressonância e se encontrar com pessoas que já faleceram ou vivem muito longe e, assim, manifestar falas e gestos que precisam ser expressados para liberar algo que ficou pendente e que hoje se apresenta como dificuldade na vida do cliente ou de um de seus descendentes.

Pai, mãe, avós, tataravós, pessoas que marcaram nossa história vivem dentro de nós e, para esse encontro ser experienciado, basta fechar os olhos, abrir o coração e se conectar com eles. Nosso corpo, alma e memórias mais profundas vêm deles, e, da mesma forma que recebemos informações das vivências passadas, cada nova escolha feita por nós também ressoará no Campo, afetando todos que estão abertos para um novo movimento. Pessoas vivas, mas também aqueles que já saíram do mundo da matéria.

Dimensão não local

A Constelação Familiar trabalha na dimensão não local identificada pela física quântica. Trata-se do resgate de um conhecimento antiquíssimo, já que tem sido campo de trabalhos psicoespirituais de forma empírica desde os primórdios da humanidade. Estamos falando de uma dimensão sutil que vibra as memórias adquiridas nas experiência e as manifesta na vida.

Nesse ponto, peço que abra sua mente para novos paradigmas que vêm batendo à nossa porta há mais de cem anos. A resistência generalizada ao novo impede a completa aceitação de algo que chega a ser óbvio. Falo da física quântica, uma das bases para entender a fenomenologia.

Em pleno século XXI, ainda existem pessoas que têm medo de admitir os avanços da ciência de ponta e se agarram à afirmação de que física quântica não é cientificamente comprovada. Porém, o método científico se baseia em experimentos repetidos inúmeras vezes com a observação de padrões de resultado. E a física quântica tem sido testada e comprovada desde 1801, quando houve o primeiro de muitos experimentos, relativos à dupla fenda e à dualidade da natureza da matéria, iniciado pelo físico inglês Thomas Young.

A resistência à expansão da percepção humana sobre o universo demonstra nossa incapacidade de soltar o controle por medo de sair da zona de conforto ou desapegar do conhecimento adquirido, que nesse caso é claramente insuficiente para responder grande parte das novas perguntas sobre a existência.

A diferença aqui é que a visão materialista está presa na abordagem cartesiana, enquanto as comprovações da dimensão quântica ja se libertaram desse paradigma limitante e enxergam que os fenômenos da vida não podem ser totalmente controlados e/ou previstos. Porém, a repetição do padrão de imprevisibilidade está lá, assim como a influência do observador.

O que os experimentos comprovam é que uma das menores partículas da matéria, o átomo, é feito 90% de espaços vazios, vibra o tempo todo e está sujeito à intenção de quem observa para escolher se manifestar como onda ou partícula. Portanto, os tijolinhos que constroem a *realidade* variam entre os estados sólido e ondulatório, dependendo do olhar do observador. Ou seja, conscientemente ou não, é você que decide como a vida *lá fora* vai se materializar na sua frente.

Esse passo é gigante na compreensão de mundo, porque a ideia de que moldamos nossa realidade sai do âmbito da filosofia para direcionar também o olhar dos maiores cientistas.

É curioso que Jung, quando cursava medicina, se interessou pela física quântica e achava surpreendente os físicos da época insistirem na defesa de que a matéria é contínua, sendo que já estava comprovado cientificamente que o átomo não é contínuo, e sim formado de pequenas partículas vibrando em órbitas muito parecidas com o sistema solar.

Pense bem: se uma mesa fosse feita de bilhões de sistemas solares, dava para dizer que ela é contínua ou sólida?

Portanto, a solidez da matéria é uma ilusão de ótica. Parece sólida, mas é pura energia organizada por uma inteligência tão perfeita que faz com que a relação entre as partículas pareça mais concreta do que realmente é.

Um outro dado para você entender que a mente fechada é nossa maior inimiga na evolução pessoal e coletiva é que todos esses princípios que regem a física quântica e ainda não são completamente aceitos pela ciência materialista não são novos. Estão descritos no compêndio *O Caibalion*, que foi lançado em 1908, trazendo a essência do pensamento de Hermes Trismegisto e fala sobre as leis herméticas que teriam sido postuladas no Antigo Egito e na Grécia Antiga.

Esse livro, que representa conhecimentos milenares das escolas mais respeitadas no desenvolvimento do pensamento humano, desde aquela época já propõe um mergulho corajoso para desvendar a verdade através do mundo físico e metafísico. Dois lados da mesma morada que, para mim, tem infinitos lados; mas, se aceitamos esses dois, já dá para andarmos uns passinhos.

Percebo a importância da visão materialista para destrinchar a matéria, mas não dá para ficar presa a ela. Como a matéria é limitada, seu estudo já se esgotou, e nos paralisar nesse lugar representaria um passo para trás. Felizmente vários físicos, teóricos que revolucionaram o pensamento cientifico como Albert Einstein e até ganhadores do prêmio Nobel como Niels Bohr pensam diferente.

> *"A mente que se abre a uma nova ideia jamais voltará ao seu tamanho original."* — Albert Einstein
>
> *"Tudo que chamamos de real é constituído por elementos que não podemos considerar como real."* — Niels Bohr

Portanto, a Constelação Familiar pede passagem para desmontar o pensamento aprisionante da visão materialista e dar um salto quântico na expansão da consciência. Essa pequena abertura é a brecha necessária para florescer a transcendência e nos tornarmos seres humanos que realmente utilizam as próprias potencialidades de percepção e cocriação da realidade.

O Amor Sistêmico, que é uma expansão da capacidade de amar, só pode ser aceito por uma mente expandida. A Constelação Familiar nos dá a oportunidade de experienciar essa dimensão extrafísica, soltando a necessidade de controle para entrar no fluxo da Força que rege a vida.

> *"Curve-se diante dos fatos como uma criança pequena, e esteja preparado para renunciar a qualquer noção preconcebida; siga humildemente para todo e qualquer abismo para o qual a Natureza o conduzir ou, então, você não aprenderá nada."* — T. H. Huxley

RESSIGNIFICAR PARA CONSTRUIR

Durante algum tempo, olhe para os objetos e imagine a engenharia divina que os compõe. Imagine cada objeto enquanto sistemas compostos de átomos que são como sistemas solares, ou seja, partículas flutuando em espaços vazios.

Observe como seria se pudéssemos ver com uma lente que aumenta a matéria em bilhões de vezes.

Deixe sua imaginação te levar... A primeira lei hermética nos diz que o universo é mental. Isso significa que o que acreditamos se torna nossa realidade aparentemente concreta.

Tudo é energia.

Permita-se ver que o mundo é uma ilusão de ótica, e o significado que você dá às coisas vai constituir sua realidade.

Em um folha, faça um desenho abstrato, ou seja, desenhe algo mudando seu significado, trazendo elementos aparentemente incompatíveis, como se estivesse em um sonho.

Exemplo: uma borboleta navegando em um rio lilás em dia ensolarado, carregando uma criança nas asas... alguém da sua família está por ali e te diz algo... ao lado do sol tem a lua, estrela e flores... observe os sentimentos que afloram.

Liberte-se! Expresse seus medos, desejos e os reconheça como parte de si... estão à espera de novos movimentos... de autotransformação.

7
A Constelação Familiar

> *"Ninguém transforma ninguém e ninguém se transforma sozinho: nós nos transformamos no encontro."* — Roberto Crema

Eu tinha 28 anos quando vivi o fim do primeiro casamento. Foi um processo bem dolorido, como costuma ser em separações de relacionamentos que têm amor. Porém eu estava numa fase da vida que pedia virada de chave, mudanças significativas. E, como eu ainda não sabia me transformar por dentro, fiz o melhor que pude com a vida por fora.

Os acordos da relação não pareciam alinhados com meus anseios, e eu consegui reunir coragem para decidir e agir na firmeza e no cuidado com nossos corações. Depois de um ano em que o distanciamento já se revelava, eu e Jayme Monjardim nos sentamos e, olhando nos olhos, choramos e agradecemos a história bela e transformadora que havíamos vivido. Cada um seguiu seu caminho, e eu voltei para o Rio de Janeiro depois de 6 anos dedicados ao casamento, aos cavalos e à fazenda no interior de São Paulo.

Passei um ano reclusa e hoje sinto que talvez tenha vivido uma depressão disfarçada, na qual fugi de todo contato social. Foi então que mergulhei em estudos voltados à arte de atuar que, pela profundidade da minha entrega, abriram novas portas de percepção do meu mundo interno. Um assunto foi me levando a outro até chegar ao campo de conhecimento da física quântica, que apontava na direção da autoconsciência e da capacidade de cocriação.

Concluído esse período de casulo, senti necessidade de interagir com pessoas que também estavam no processo de autoconhecimento profundo, e foi aí que surgiu na minha vida como divisor de águas o método da Constelação Familiar. Eu havia começado a frequentar encontros de leitura do livro *Um curso em milagres*, texto que é considerado pela própria autora, Helen Schucman, uma psicografia. A obra é um dos fenômenos de pura consciência materializada em palavras. Nas reuniões de São Paulo conheci a psicóloga Cida Rabelo, que fazia a mesma leitura e reflexão só que no Rio de Janeiro. Comecei a frequentar os encontros de Cida.

Nenhuma dessas trocas aconteceu por acaso. Como poderia existir casualidades em uma realidade que se manifesta em rede? Hoje me parece até óbvio, mas foi preciso reaprender a olhar para mim e para o mundo através da revolucionária Visão Sistêmica.

Logo a afinidade se tornou clara, e nossos laços de amizade se fortaleceram. As sessões de leitura expandiam minha compreensão de uma espiritualidade livre de dogmas e religiões. A física quântica, que eu já estava estudando há algum tempo, se irmanava com a ideia de conexão direta com a Fonte Criadora, e aos poucos uma nova dimensão da existência se apresentava para mim: o mundo sutil, de onde brotam os pensamentos, sentimentos e ações que se materializam na vida. Gradualmente fui decifrando meu sistema de crenças e os limites que eu própria me impunha sem nenhuma consciência.

Através desse livro profundo e transformador, pude ver a prisão que nos colocamos pela crença na culpa e na expiação. Enxerguei o atraso evolutivo que isso representa e fui me permitindo expandir a consciência, que aqui significa ampliar o olhar sobre a minha responsabilidade pela materialização da realidade que me cerca.

Como tenho dito, estamos num grande jogo programado por nossa mente pessoal e coletiva, na maioria das vezes de maneira inconsciente, cuja identificação nos prende aos fatos e à identidade como se fossem reais. Pura ilusão de ótica criando universos particulares. Nosso aparelho óptico capta imagens pela incidência da luz, e nosso cérebro — ou ego — atribui significados de acordo com as experiências pessoais e ancestrais.

Quer dizer, cada pessoa que olha um mesmo fato está vendo algo diferente, que tem a ver com seu próprio conteúdo experiencial e com o que precisa ser trabalhado em sua existência. Projetamos na tela da vida *lá fora* as questões que ainda não demos conta de assumir e resolver internamente.

Nesse processo de significação pessoal do que é visto, nosso corpo sofre reações e registra as impressões do que está sendo vivido. A partir da repetição da experiência e da reação, as sinapses cerebrais se fortalecem pela energia vital e psíquica, ativando mais repetições automáticas, e assim o padrão repetitivo se autossustenta em um círculo vicioso, se tornando uma crença limitante.

Como o padrão de comportamento se instala na mente, o mecanismo se fecha em si mesmo para não dar abertura para novas experiências, pois a possibilidade de fazer diferente significa a *morte* do impulso autônomo. Portanto, quando a pessoa rompe o modelo conhecido pela ação inovadora, cai o véu da ilusão e ela se liberta conseguindo ver a verdade dos fatos sem os dramas habituais que turvam a visão. Ela passa a enxergar a partir de uma perspectiva mais ampla e livre.

"*A verdade vos libertará.*" — João 8:32

Desse modo, o livro *Um curso em milagres* inaugurou a tomada de consciência das minhas crenças limitantes autônomas, preparando o terreno para tudo o que eu viveria através da Constelação Familiar.

Eu já frequentava os encontros com Cida quando fiquei sabendo que ela estava acompanhando workshops ministrados por um tal Bert Hellinger em outros países. Naquela época, ele ainda não tinha estado no Brasil, então Cida viajava ao seu encontro. Foram dezessete encontros e logo depois das primeiras experiências com Bert, ela iniciou a fase fundamental de uma formação séria: o treinamento de facilitação da Constelação Familiar.

Cida criou um grupo de pessoas completamente entregues à representação, que consiste em se colocar para receber as informações do Campo Psíquico do sistema familiar do cliente, pelo método fenomenológico. Eu estava nesse grupo.

Era comum passarmos todo o final de semana, de sexta a domingo, constelando, em que ninguém estava preocupado com as horas, e algumas vezes íamos até a madrugada, vivendo a incrível oportunidade de acesso à dimensão inconsciente. O chamado para experienciar o processo era tão forte que se tornava prioridade na vida. Também não sentíamos necessidade de entender racionalmente como aquilo que parecia mágica acontecia. Só queríamos nos entregar à experiência para enxergar as dinâmicas ocultas através da consciência ampliada e viver a sensação de leveza depois da liberação das histórias repetidas.

Estávamos em contato com um fenômeno psíquico intangível, porém claramente observável e mensurável pelo efeito positivo. O que víamos eram nossos parentes e até nós mesmos sendo representados com total fidelidade sem ninguém saber absolutamente nada sobre as histórias de cada família. Muitas vezes o trabalho revelava informações que nem a pessoa constelada conhecia e quando ia conferir com pai e mãe, a revelação estava correta! Aquilo realmente nos transformava para a vida, trazendo sabedoria, força, iluminando o passado, o presente e o futuro.

Sinto que é importante dizer que nesses 27 anos de contato profundo com o processo sempre me impressiono com a assertividade de todas as informações que chegam durante as Constelações que facilito e as de alguns poucos colegas que acompanho. Existe uma exclamação enquanto assisto o desenrolar dos fatos durante o trabalho: *Como pode?!* Mas a Verdade está tão estampada em cada momento que não há real necessidade dessa resposta. Porém não é assim para todos. Algumas poucas pessoas ouvem falar da Constelação e querem entender sem participar. Impossível. Sendo uma experiência metafísica, é preciso vivenciar para ser tocado pela Verdade que está oculta da mente cartesiana.

Como mencionei, nesse momento existe um diálogo mundial para definir o que é uma Constelação Familiar e como deve acontecer. Conceitos e nomenclaturas estão sendo formatados e eu tenho estado no centro dessa discussão em alguns grupos relevantes. Porém, não sei se o paradigma cartesiano de definição é possível nessa abordagem e não estou preocupada com isso. O trabalho da Constelação acontece além da mente racional e essa dimensão mental não é capaz de alcançar todas as respostas às suas dúvidas. Assim como na ciência de ponta, tem um momento em que as respostas concebidas pelo paradigma materialista cessam e é preciso aceitar que existe uma Inteligência Maior, o Grande Mistério, o Campo Quântico.

Aliás, percebo que filosofias aplicadas, como a cosmovisão sistêmica, estão longe de querer trazer todas as respostas, mas sim formular novas perguntas que nos levem além das caixinhas conhecidas. Não se pode transcender a mente racional com ferramentas da mente racional. Não se pode ver além da matéria com os olhos da matéria. Parece óbvio, né? Por isso te convido desde as primeiras páginas a abrir o coração e ativar uma percepção mais sensível para *ver*.

Fenomenologia

A fenomenologia (área que estuda os fenômenos, sejam na natureza manifesta ou psíquica) é um método que acessa a comunicação com o inconsciente e por isso considera que cada indivíduo é o centro de significação da própria experiência. Assim, a Constelação Familiar, mesmo vinculada às leis sistêmicas, às Ordens do Amor e à outras bases, jamais poderá determinar o que o Campo vai trazer, pois se trata da revelação do que está oculto à visão superficial dos fatos. Ou seja, vamos olhar para algo que está na caixa-preta e por isso é inédito para todos. Algo essencial que só pode ser visto quando nos abrimos no estado de presença, despojados de ideias preestabelecidas.

Assim, a fenomenologia é um movimento vivo que precisa ser observado a cada instante considerando sua transitoriedade e significado particular, pois cada pessoa é um universo à parte inserido no universo único de sua família. É um impulso vital que não pode ser controlado ou previsto e está totalmente alinhado com a visão da física quântica.

Vamos ilustrar a fenomenologia invocando a imagem dos fenômenos naturais. Existe um aspecto mágico ou místico nos fenômenos da natureza. Por mais que a ciência queira e consiga explicar um pouco de sua mecânica, a verdade é que a descrição vem sempre depois do acontecimento, pois existe uma força inquestionável criando eventos que são impossíveis de serem predeterminados na sua totalidade.

Por mais que haja uma expectativa com algum nível de acerto, o fenômeno ocorrerá com particularidades que não puderam ser antecipadas. Assim como a raiva no coração de alguém, uma tempestade que se arma no céu jamais poderá ser contida nem ter seu movimento previsto. Da mesma forma, a calmaria depois da tempestade lá fora, ou dentro da pessoa, terá sempre nuances específicas de cada processo.

Ela é pura potência criativa e, quem silencia suas antigas convicções, ativa a presença que permite enxergar a comunicação acontecendo entre todos os elementos contidos na experiência. É o aspecto inteligente e pensante da vida. A Constelação Familiar observa esse fenômeno atuando nas relações interpessoal e transpessoal.

Em resumo, o método fenomenológico nos pede rendição a essa regência da Vida e nos convoca ao estado de abertura de percepção para enxergar o que emerge — algo inteiramente novo.

A verdade é que se a pessoa soubesse onde está a origem do sintoma de dificuldade ou problema, ela já teria resolvido. Assim, a fenomenologia é o processo no qual deixamos que os conteúdos reprimidos se revelem, e para isso nos valemos de potencialidades de percepção e análise da mente humana, que precisa estar *vazia* para *ver* juntamente com a sensorialidade do corpo e as emoções.

> **Uma curiosidade:** Carl Gustav Jung se considerava um fenomenólogo e empirista. Esse estado de abertura para ser fecundado por percepções mais profundas e ampliadas explica as gigantescas contribuições advindas de seu trabalho, que ainda hoje é pouco compreendida por ser uma psicologia vivencial, experiencial e complexa em um ambiente colonizado por um pensamento predominantemente cartesiano.

Campo Mórfico ou Morfogenético

Outro ponto fundamental para compreendermos essa nova ciência, é que a Constelação é orientada pela Visão Sistêmica, que nos percebe como uma continuidade da nossa ancestralidade, e essa conexão atua o tempo todo na nossa vida. Essa consciência de pertencimento intrínseco ao clã nos tira da ilusão da separação, que como já foi citado, é uma visão equivocada sobre a realidade e causadora de sofrimento profundo na maioria das pessoas, pois não enxergam que o mal que fazem ao outro estão fazendo a si mesmas. Apenas sentem o efeito das próprias ações imaturas e acreditam que suas agruras vêm de fora.

Portanto, junto com a vida que nos foi transmitida através da nossa linhagem, recebemos a memória das experiências do passado, e esse registro das dores e prazeres sentidos no corpo e na alma dos nossos ancestrais são transmitido pelo Campo Mórfico ou Morfogenético — *morphe:* palavra grega que significa *forma*; *genética* vem de *gêneses,* que significa *origem*. São campos que transmitem as informações dos padrões ou formas das experiências repetidas que vêm da nossa origem, influenciando os novos indivíduos a viverem as mesmas histórias.

As informações são transmitidas pela ressonância mórfica, fenômeno que comprova a existência de uma comunicação sutil e revela a multidimensionalidade desse universo.

Ao mesmo tempo que esse Campo fortalece as formas conhecidas, também transmite as informações dos avanços evolutivos dentro da espécie, quando muitos indivíduos adquirem o novo hábito. Funciona como um campo unificado de memória. Quer dizer, você não precisa assistir a uma aula sobre os passos dados na família humana antes de nascer para assumir seu lugar no atual estágio evolutivo. Você simplesmente recebe as informações pelo DNA, pela memória celular e pelo Campo Mórfico, que podemos comparar à nuvem da internet. Isso mesmo. Não inventamos nada. Apenas imitamos a tecnologia já existente na vida.

O observador do Campo Mórfico ou Morfogenético é o biólogo inglês Rupert Sheldrake, que tem uma coluna no jornal britânico *The Guardian*, onde está sempre debatendo com seus colegas de visão materialista a existência de planos sutis de conexão. Há poucos anos, fiz um curso com o próprio Rupert, em que tive o privilégio de entrar em contato com 8 horas de aulas gravadas sobre pesquisas na área da biologia que estudam o fenômeno da transmissão transgeracional. Tivemos também alguns encontros virtuais e ao vivo, em que pude fazer perguntas diretamente para Rupert, e me senti profundamente presenteada com essa oportunidade.

Há mais de vinte anos cito seu nome ao tentar explicar as bases da teoria dos Campos Mórficos. Digo tentar porque é tudo tão novo que as pessoas só compreendem de fato no momento em que experimentam a Constelação Familiar e ativam a inteligência do corpo e das emoções, além da racional. Nesse curso, pude corrigir alguns conceitos que estavam equivocados e expandir a compreensão do fenômeno.

A teoria do centésimo macaco

A teoria do centésimo macaco é uma exemplificação de como se dá o processo evolutivo e foi criada para ajudar na compreensão do fenômeno. Escutei do próprio Rupert que o experimento não aconteceu na prática, porém o modelo é observado nos avanços evolutivos das espécies.

Digamos que existem duas ilhas muito distantes entre si, onde vive a mesma espécie de macacos que naturalmente nunca se encontram. Na primeira ilha, um macaco descobre uma nova maneira de abrir o coco e aproveitar melhor a polpa e a água. Aos poucos seus companheiros vão aprendendo pela observação. Essa é a maneira de transmitir informação que conhecemos.

A teoria de Rupert diz, então, que quando uma massa crítica ou uma quantidade significativa de macacos incorporaram a mudança de atitude, essa informação é transmitida para toda a espécie, sem contato físico ou verbal. Existe a sugestão de cem indivíduos, mas isso apenas se refere à ideia de uma massa crítica significativa. Então, quando o centésimo macaco incorpora o novo modo, os macacos da outra ilha receberão a informação por ressonância e começarão a abrir o coco da nova forma, espontaneamente. Essa informação é passada pelo Campo Mórfico.

Existe outra versão dessa história que fala que o hábito inovador é lavar a batata antes de comer. Mas o que importa aqui é perceber mais uma vez que nossos pensamentos, sentimentos e ações vão nutrir ou fortalecer um campo de informações que é comum a todos que compõem um mesmo sistema. Seja ele um sistema familiar ou social, sistema de uma espécie animal, vegetal ou mineral etc. Lembrando que todo o universo se estrutura através de sistemas dentro de sistemas.

Podemos observar a influência desse Campo que transmite o que já foi experienciado em larga escala na família humana. Hoje as crianças aprendem a ler e escrever cada vez mais cedo, portanto com mais facilidade. Também é possível observar mais pessoas aprendendo línguas, mexendo com internet, se expressando facilmente na fala e exercendo atividades que se tornaram amplamente difundidas por causa do volume crescente de repetição dessas experiências. A sensação que tenho (e alguns amigos sentem o mesmo) é a de estar incorporando habilidades intuitivamente. Fazendo bem atividades que exercitei pouco, como se meu cérebro tivesse feito um download.

Funcionamento do Campo Mórfico na família humana

Nas últimas décadas os experimentos têm apresentado resultados impressionantes a respeito do DNA. Para surpresa da comunidade científica, há comprovações de que apenas 2% do DNA transmite traços físicos. Os 98% que, durante anos, foram considerados inúteis na verdade transmitem características de comportamento e é chamado de DNA vibracional ou ondulatório. Rupert acrescenta que a maior parte das características físicas não está codificada no DNA, mas sim no Campo Mórfico.

Quer dizer, existe, entre pais e filhos, um campo imaterial que se propaga pelo fenômeno da natureza ondulatória ou ressonância. Esse campo conecta os seres por similaridade ou afinidade morfogenética, indivíduos da mesma espécie, etnia, cultura etc. Eu ressono com pessoas que são semelhantes a mim. Em primeira instância, ressono comigo mesma; e, em segunda, com minha ancestralidade, pois estou ligada ao campo de ressonância na forma e conteúdo das experiências vividas em cada geração da minha família.

Como acontece a ressonância comigo mesma? Vou dar um exemplo para clarear essa ideia. Sabemos que produzimos novas células a todo o momento. De tempos em tempos, nosso corpo tem todas as células substituídas por novas unidades. Existe até uma medição científica que mensura o período aproximado dessa autorrenovação, que tem um tempo diferenciado para cada órgão por causa de sua constituição particular.

Então fica a pergunta: se estou constantemente produzindo células novas, por que não mudo radicalmente minha aparência quando todas são substituídas? Por que uma doença permanece no corpo, independentemente da reposição celular?

Há algum tempo, pesquisadores como Jeffrey Rediger e Deepak Chopra defendem que a produção celular obedece aos comandos das crenças pessoais conscientes e inconscientes. Se a pessoa ressoa a informação de que é portadora de uma doença, seu sistema de crença se encarregará de imprimir e expressar a patologia nas novas células.

Assim como Rediger traz no livro *A ciência revolucionária por trás da cura espontânea*, Chopra também conseguiu perceber brechas para a libertação desse padrão inconsciente e descreveu alguns exemplos no livro *Cura quântica*. Como médico oncologista, ele presenciou curas espontâneas de câncer em pacientes que por um tempo mudaram sua percepção sobre a doença e acreditaram ter motivos para estarem curados. Digo *por um tempo* porque, depois de um período já sem a manifestação do câncer, algumas pessoas começam a trazer de volta a informação da doença com mais força do que a crença na própria cura. Ao se conectarem com o pensamento de que cura espontânea não existe, os sintomas retornam.

Chopra sempre olhou para esse fenômeno como um caminho a ser estudado, a fim de entender com profundidade a natureza das doenças, enquanto a maioria dos seus colegas achava que estudar as exceções fosse perda de tempo. Sinto que investigar tanto a regra quanto a exceção é a melhor escolha, principalmente se tratando de uma doença ainda tão misteriosa em sua origem como é o câncer.

Usei esse exemplo da manutenção inconsciente da patologia para explicar a ressonância do Campo Mórfico como campo de informação com força suficiente para gerar padrões tanto físicos como psíquicos. Se uma doença, que é algo que as pessoas querem longe, é difícil extinguir, imagine traços físicos, que podem até não ser agradáveis para quem os têm, mas não são caso de vida ou morte. Assim, a saída possível desse movimento aparentemente inexorável é a aceitação do que somos e o autoconhecimento para ir transformando pela consciência. De outro modo estaremos fadados a obedecer cegamente um centro de comando que carregamos, mas não nos comunicamos.

Repetição e inovação

Muitas pessoas pensam que é o Campo Mórfico que faz o movimento dentro da Constelação Familiar, mas, como ele é formado por padrões de repetição, seu propósito não é movimento e sim registro. Porém, existe um segundo Campo que busca o movimento de autorregulação guiado pelas Ordens do Amor, que explicarei a seguir. Esse Campo que inicia o movimento de transformação é um Campo Psíquico ou Alma.[7]

A inovação corresponde ao movimento de compensação que estudamos no *princípio da continuidade*.

Ainda existe uma terceira Força que nos convida à libertação da influência do grupo: o *movimento do Espírito*. Essa é a grande Força Criativa nos levando além da consciência pessoal, que busca sua própria sobrevivência, e além da consciência de grupo, que busca pertencimento pelo serviço e manutenção do grupo, na maioria das vezes de forma instintiva. Desse modo, os representantes na Constelação são atravessados pela força de movimento do Campo Psíquico/Alma ou movimento do Espírito, e agem quase sem conseguirem resistir ao impulso interno.

Assim, como citei anteriormente, a evolução se dá pelo equilíbrio de duas forças: a repetição (Campo Mórfico) e a inovação (Campo Psíquico e movimento do Espírito).

---

7 A etimologia da palavra *psique* é "alma". Ou seja, etimologicamente, as duas palavras significam a mesma coisa.

A Constelação Familiar vai atuar iluminando o evento que criou o bloqueio do fluxo do amor. Trata-se de informação que ficou registrada no Campo Mórfico da família, como cenas antigas que vêm à tona através dos representantes pelo método fenomenológico. Então o cliente toma consciência dos sentimentos verdadeiros, ou seja, compreende o que aconteceu através de uma visão ampliada. E quando vê as situações acontecendo pelos representantes, compreende e pode agir de forma madura. Ele consegue desapegar de querer consertar as coisas, entregando a cada pessoa a responsabilidade pelos seus atos, assumindo sua responsabilidade e finalmente tomando posse da própria vida.

> *"A única confiança necessária é a de saber que, quando ocorre um final, vai surgir um novo começo."* — Clarissa Pinkola Estés

CURANDO DINÂMICAS FAMILIARES

Escolha uma dinâmica da sua família que você considera como um padrão de repetição.

Exemplo: muitas mulheres que estão solteiras e frustradas por não estarem em uma relação afetiva.

Feche os olhos e deixe que esse tema seja sentido pelo seu corpo e seu coração.

Deixe brotarem as perguntas...

Qual é o medo que atrai sua atenção roubando a energia vital da relação?

O que pode ter gerado o medo? Deixe seu inconsciente se expressar trazendo as respostas. Talvez venham imagens de mais de um evento... deixe que surjam e sinta qual deles causa a reação mais forte em seu corpo.

Se imagine olhando no rosto de cada pessoa envolvida e dizendo: *eu vejo você e te dou um lugar no meu coração. Darei um novo passo por mim e por você também.*

O que poderia acontecer de novo para mudar o rumo da história?

Se você sentir bloqueio para perceber as respostas, simplesmente imagine o que aconteceu e em seguida crie uma nova história, um novo final.

Muitas vezes pensamos que é só uma história inventada, mas na verdade é a memória herdada que nos prende à repetição inconscientemente.

8

Lei do pertencimento

> *"[...] e não cai uma folha (da árvore) sem que Ele disso tenha ciência; não há um só grão, no seio da terra, ou nada verde, ou seco, que não esteja registrado no Livro lúcido."* — 6ª Surata, versículo 59 do Alcorão.

Vou falar das Ordens do Amor trazendo particularidades sobre cada uma delas, pois através da reflexão pelo exemplo podemos acessar uma compreensão mais profunda. Na prática, essa força de pertencimento nos move para a inclusão e quando não o fazemos, sofremos.

Por exemplo, há alguns anos vejo pessoas relatarem a sensação de falta de alguém como uma memória que carrega desde a infância. Esse sintoma pode ter inúmeras origens e uma das mais difíceis de acessar é quando a pessoa está identificada com um irmão abortado, apesar de nunca ter sabido. A Constelação Familiar costuma trazer essa informação através dos representantes e posteriormente o fato é confirmado pela mãe ou se revela como uma possibilidade real.

A sensação de falta se estabelece porque essa mãe, tentando evitar a dor da perda, busca esquecer o ocorrido e esconder de todos, achando que essa omissão afastará o sofrimento. É exatamente o contrário. Quando damos um lugar na memória para quem não sobreviveu e vivemos a dor do luto pelo tempo necessário, o sentimento em relação à história se transforma e podemos seguir adiante, incluindo com amor os que desencarnaram, dando um lugar de pertencimento no nosso coração.

A mãe não precisa contar ao filho pequeno e a outras pessoas. Basta ter a lembrança do que ocorreu, entender que o fato vai impactar a família e observar com amor o filho vivo, sabendo que ele pode se conectar com o irmão não nascido. Às vezes se relacionando com um amigo invisível, ou com um boneco especial. A mãe pode perceber se ele tem o desejo de ter um animal de estimação que vai cuidar como se fosse um irmãozinho. Dessa forma, o irmão que morreu é reintegrado no Campo Psíquico da família de maneira lúdica. Quando o filho vivo já estiver grande, a informação pode ser trazida com cuidado, sem a mãe se expor, mas também assumindo sua dor, se mostrando humana. É muito comum as mulheres terem abortos espontâneos.

As mães mais sensíveis são as que mais tentam esquecer ou se anestesiar, pois só conseguem sobreviver e seguir adiante se não olharem para o fato. Além da dor da perda, em caso de aborto natural ou provocado, existe a dor da culpa. No momento em que tudo acontece, o sofrimento é grande demais, e o evento só poderá ser revisitado e ressignificado dentro dela tempos depois. Em alguns casos, a mãe nunca consegue fazer o movimento de se perdoar.

A Constelação Familiar nos ensina que quando o filho não nascido é incluído no coração, ele finalmente se sente pertencente à família e fica em paz, aliviando um tanto a culpa da mãe.

Também existe um processo não tão raro, que é quando a gravidez tem dois óvulos fecundados e, no processo de desenvolvimento, um absorve o outro, sobrevivendo com mais força. Um irmão se alimenta do outro irmão literalmente, e essa experiência pode ficar registrada inconscientemente na alma e na memória celular como uma dívida do filho que permaneceu na vida às custas do outro que não ficou. Assim, o sobrevivente se sente incompleto, com a sensação de ausência, e pode ter o hábito aparentemente inexplicável de comprar roupas duplas. Essa pessoa também pode desenvolver uma postura de sempre querer ajudar quem está próximo por causa de um sentimento inconsciente de dívida.

Há dinâmicas de exclusão no passado, que fazem com que um descendente se torne fortemente altruísta, sentindo um chamado irrefutável para criar instituições ou movimentos sociais que beneficiam os menos favorecidos — a filantropia. Claro que essa generosidade é genuína, porém muitas vezes a atitude de inclusão é uma necessidade originada na própria família por atos de exclusão praticados pelos ancestrais, podendo até ter sido ação de genocídio ou exploração desumana de grupos em benefício próprio.

Como expliquei anteriormente, nenhum indivíduo ou evento significativo pode ser esquecido e se uma família se beneficiou de outras pessoas, esses passam a fazer parte do sistema. Precisam ser lembrados e reverenciados como pertencentes à história familiar. Se os envolvidos tentam apagar os fatos, seus descendentes podem se sentir conectados a esses excluídos e, por força do inconsciente de clã, são impulsionados a quererem *fazer justiça*, ajudando os menos favorecidos ou, até mesmo, adotando uma criança que vai representar a reparação pelo que foi feito por seus antepassados.

Sim, muitas vezes a necessidade visceral de adotar tem a ver com exclusões, exploração ou morte de outras crianças na história familiar. Também é relativamente comum esses descendentes sensíveis ao movimento de compensação carregarem raiva, revolta contra os ancestrais, sem saberem bem o motivo do sentimento. Eles estão identificados inconscientemente com as vítimas do seu próprio sistema.

A solução é incluir os que foram sacrificados e os antepassados que cometeram o ato desumano no coração dos que estão vivos com o reconhecimento da importância do ocorrido. A tomada de consciência é um ganho imensurável para a alma, e acontece também através de eventos negativos. Portanto, podemos dar um lugar de importância àqueles que muitas vezes condenamos. Como já disse, o mal está a serviço do bem quando traz consciência.

Portanto, se ocorreu exclusão no nosso sistema, somos herdeiros da memória e assim assumimos as consequências das escolhas dos nossos ancestrais para que possamos dar passos mais conscientes no corpo estendido que é a família.

Tentativa de exclusão

Em todos os casos, a tentativa de exclusão fortalece o que está sendo ameaçado de afastamento, e independentemente do motivo da eliminação o inconsciente de grupo protegerá todos por igual. A justificativa da tentativa de esquecimento pode ser preconceito, vergonha, fuga da dor, raiva etc. Não importa. Qualquer que seja o incômodo, esse sentimento precisa ser encarado sem medo, iluminado e integrado da melhor maneira possível.

Caso contrário, um descendente sensível trará o excluído de volta repetindo o mesmo padrão de comportamento que foi condenado pelos outros. Na maioria das vezes isso não é identificado pelos membros, porque o que aconteceu no passado ficou em segredo. A lei do pertencimento é uma das três Ordens do Amor mais abrangentes e a que mais é desrespeitada, criando desarmonia e sérios sintomas de dificuldade nas gerações seguintes.

Exemplos de motivos de tentativa de exclusão: traição do cônjuge, roubo, assassinato, vícios e difamação pública. Portanto, se não olharmos para o comportamento vergonhoso ou violento, mesmo que isso cause humilhação, a dinâmica oculta passa a atuar através de um descendente e se torna mais difícil de lidar, pois na nova geração o processo é inconsciente.

Me vem à memória uma Constelação em que a cliente sentia urgência de constelar sua relação com o pai, pois ele havia cometido um delito quando ela ainda era muito pequena e ficou preso por alguns anos. Ele saiu do cárcere, refez sua vida, mas permaneceu ausente fisicamente e distante do desenvolvimento dela. Sua mãe sentia muita raiva, e a filha se fidelizou ao sentimento da mãe.

Porém, a mãe desencarnou por causa de um câncer de mama, e essa cliente, quando procurou a Constelação, havia acabado de sair de um tratamento bem-sucedido para curar exatamente a mesma doença. Ela estava assustada, porque sempre achou que a história havia sido resolvida dentro dela, porém seu corpo gritava que a situação não estava concluída.

O curioso é que a cliente evitou chegar no encontro da Constelação, avisando que tinha ido embora antes de alguém recebê-la na entrada, porque ficou com medo de esperar sozinha no portão. Porém retornou minutos depois, quando me ligou e deixei claro que ela não atrapalharia se chegasse durante o andamento de outra Constelação. Na hora da nossa conversa particular, antes de constelar, ela queria desistir. Disse que na sala havia alguém de sua cidade que conhecia o caso, e ela estava desconfortável.

Eu sempre respeito o conforto emocional dos meus clientes e nunca forço ninguém a querer constelar, porque sei que o sucesso do trabalho depende do querer verdadeiro do cliente. Porém, nesse caso, eu mostrei para ela que a Constelação já estava em andamento.

Todo o sentimento de vergonha e a consequente exclusão da história do pai estava se repetindo naquele exato instante. Ela estava com vergonha de olhar para a questão do pai como havia acontecido entre pai e mãe. Sendo que era apenas um trabalho terapêutico onde ele não estava presente fisicamente, mas ela teria a chance de ver o diálogo através dos representantes. Ela estava recebendo a oportunidade de encarar a vergonha e o medo da exposição, para ter um encontro verdadeiro e transformador com os dois. Deixei claro que era possível constelar sem expor nenhum detalhe, então ela se tranquilizou e decidiu fazer.

O que se revelou na Constelação foi que o pai ansiava profundamente pelo encontro, mas não teve coragem por causa da vergonha e arrependimento visceral pelo que fez. Assim, através do representante, que tem o distanciamento necessário para se permitir realizar o movimento sem a interferência do ego, ele pôde finalmente, e aos prantos, dizer para a representante da filha e a da esposa: *Sinto muito! Sinto muito!* Então, junto com as lágrimas dos três, a raiva que a mãe sentia foi se dissolvendo, liberando também o coração fiel da filha, e a conexão de amor e vida na família foi restaurada.

> "*Quando aceitamos nossos limites, conseguimos ir além deles.*" — Albert Einstein

Direito de pertencer em ação

Essa força oculta que traz de volta pessoas e comportamentos antigos com o propósito de incluir e ordenar é o direito de pertencer em ação. Somos tomados por ele e fazemos o que precisa ser feito. A outra opção é travar o fluxo dos acontecimentos e arcar com graves consequências, como doenças, depressão e dificuldades nos vários setores da nossa vida.

Seria castigo? De jeito nenhum. Como vimos até agora, a pressão da vida existe para nos fazer sair da zona de conforto que paralisa e retomar o caminho da evolução pela consciência.

Essa força atua como as mãos de uma mãe que busca educar e conduzir o próprio filho. Se o filho aceita, a condução é sentida amorosamente, mas, se ele é rebelde e resiste, a condução se torna dolorida e às vezes necessariamente dura, pois é preciso voltar para o caminho que nos leva ao crescimento emocional e espiritual.

Força de ligação

Então vem a pergunta: diante dessas ordens que regem o inconsciente de clã, quem faz parte do nosso sistema familiar? Quem está sob a proteção da lei do pertencimento?

O laço sistêmico mais forte de todos é o de sangue, que se dá por parentesco ou por morte matada. Como assim? O laço por parentesco acontece na transmissão da vida. É o sangue transmitido pelo ventre da mãe. E como somos constituídos da união de pai e mãe, esse triângulo se torna base e origem para tudo o que há de vir.

Já a conexão por morte acontece quando uma pessoa mata a outra. É o sangue derramado. Nos dois casos, as pessoas envolvidas ficam conectadas. Ou seja, a força de ligação entre o assassino e a vítima é tão forte quanto entre membros de uma mesma família. Desse modo assassino e vítima continuam fazendo parte do seu sistema de origem, mas ambos estarão dentro do sistema original do outro, podendo acarretar sintomas psíquicos para os descendentes de ambos os lados.

Repito que isso não é uma opinião ou crença. Assim acontece e pode ser observado por qualquer pessoa que presencie um trabalho de Constelação Familiar com situações de assassinato.

No campo do homicídio é possível observar que assassino e vítima buscam paz espiritual. E, como a conexão sistêmica não admite o afastamento de quem faz parte, parece natural que essas pessoas, envolvidas tão fortemente pelo sangue na morte, queiram alcançar a reconciliação através dos descendentes, apesar do conflito que viveram quando estavam vivos. É uma força psíquica que se manifesta através de todos.

Hoje me parece coerente que, no momento em que perdemos o corpo e não podemos mais atuar nesse plano, devemos desapegar das questões dessa vida para seguir novos níveis de evolução espiritual, sendo natural que o trabalho de reparação fique com quem segue na Terra. As novas gerações pegam o bastão da vida para deixar sua contribuição.

Desse modo, podemos viver cada dia fazendo nosso melhor para, na hora de partir, entregarmos a continuidade da história e a colheita de alguns frutos que plantamos a quem fica nesse plano, nos perdoando pelo que não foi possível fazer e abençoando a próxima geração para que consiga ir além.

Se em vida não temos consciência de que somos parte de um mesmo corpo estendido, vivemos no egoísmo e no momento da morte seguimos na crença de que estamos sós. Assim, nos sentimos culpados por não termos aberto o coração, por termos passado a existência nos distraindo com um mundo de ilusões, sendo que a maior ilusão é a de que estamos separados.

A eliminação do infrator

Podemos ver aqui o equívoco de quando buscamos aniquilação de todos que agem da maneira que desaprovamos. Cada pessoa ou grupo tem o seu lugar e os que mais nos incomodam são os que mais podem nos ajudar a integrar nossas sombras, pois são nosso espelho. Refletem o que não damos conta de aceitar e estamos reprimindo dentro de nós. São mestres revelando o que temos escondido.

O perpetrador, sem dúvida, precisa pagar pelo que fez, considerando a possibilidade de cárcere ou a punição que for mais apropriada. A Visão Sistêmica enxerga a força de cada pessoa para arcar com as consequências dos seus atos. Isso também está submetido à lei do equilíbrio da troca, ação e consequência. Inclusive é o que traz transformação para a alma de quem causou o mal, como se a conta estivesse sendo *paga*, trazendo o aprendizado que valida a experiência negativa, pois não aconteceu em vão. A infração pode e deve ser fator de tomada de consciência para que a pessoa tenha lucidez e escolha não repetir sua ação destrutiva.

Porém, o que muitas pessoas desejam, numa postura imatura, é vingança. No Plano Maior, o propósito é sempre evolução espiritual, e não vingança. A responsabilização do infrator deve trazer punição para gerar aprendizado. A vingança via de regra não gera nada além de sofrimento para todos.

A Constelação Familiar vai revelar a origem do comportamento destrutivo e o infrator pode, na tomada de consciência, escolher sua própria mudança. Muitas vezes está repetindo padrões ancestrais que podem ser deixados no passado. Outras vezes se acha um lixo, impossibilitado de fazer diferente. A Constelação mostra que a dinâmica oculta vem de muito antes e, assim, traz entendimento, devolvendo o poder da autotransformação.

Desse modo, muitos homens envergonhados por sua conduta se erguem espiritualmente assumindo sua responsabilidade e podem olhar de novo para seus filhos ou para sua mãe, seu pai. Muitas mulheres que se sentem culpadas podem desapegar de seus dramas e abençoar seus filhos para que tomem as rédeas de suas vidas e vivam uma nova história. Existem inúmeros projetos que levam a Constelação Familiar para as redes prisionais com resultados impressionantes! Tudo registrado em pesquisas e resultados. Ao adquirir consciência, os presos se sentem libertos internamente, crescem espiritualmente e a mudança se faz visível em cada gesto, no olhar, na vibração. Isso vale ouro, pois a família sente a transformação e pode, finalmente, se libertar da dor.

A verdadeira injustiça

A repetição atravessa gerações justamente pelas exclusões na tentativa de esconder a verdade, o que traz sintomas de dificuldade em relacionamentos, descontrole das próprias emoções ou distúrbios psíquicos mais sérios. Geralmente são aqueles mais sensíveis que captam as desarmonias do sistema. Portanto, estão manifestando algo que é do coletivo, e não individual. Assim, a família julga e condena a pessoa que reproduz o padrão negativo. Mas se trata do papel fundamental de chamar a atenção para o tema que precisa ser visto por todos, integrado e transformado.

O inconsciente de clã não quer saber o motivo da exclusão, pois suas leis estão acima do bem e do mal da moral de cada um. Diante dessa força que é o Amor sustentando a vida, cada pessoa tem sua função. Portanto, tudo é movido por essa força. A diferença está em ser um Amor maduro, que é consciente e traz cura. Ou o amor infantil que, por ser inconsciente, traz adoecimento e repetição até promover o aprendizado necessário.

A exclusão é contra a ordem, porque o Todo é inteiro. A tentativa de dividir ativa a força que reúne, porque estamos aqui para integrar, crescer. Isso não está submetido a opiniões ou desejos individuais. Somos parte de algo que age através de nós.

A influência psíquica

Na Visão Sistêmica, além dos parentes e pessoas que influenciaram nossa história, existem outros elementos que nos constituem. Por exemplo, a pátria mãe, nossa terra natal. É possível observar a importância de reconhecer a força energética do lugar em que nascemos. Esse dado de nossa jornada pessoal e ancestral não significa apenas uma informação no documento, mas uma influência psíquica real na estruturação do nosso inconsciente.

Tenho observado que cada elemento que faz parte do nosso sistema tem um aspecto correspondente na nossa estrutura psíquica. Inclusive, trazendo a sensação de falta interna quando alguém foi excluído. Ou seja, pessoas que foram afastadas da família passam a ser representadas por padrões psíquicos que vão buscar expressão na vida. Por exemplo, impelindo a pessoa a seguir uma determinada carreira do antepassado excluído ou, como vimos, adquirindo um animal, ou se entregando a uma vida espiritual para suprir a falta do pai biológico através da relação com o Pai Celestial. Mesmo quando algumas escolhas parecem ser pessoais, pode ter havido uma dinâmica oculta atuando.

Por serem inconscientes são dinâmicas difíceis de identificar, mas é possível observar o efeito de sua influência dominante na vida ou ver claramente durante uma Constelação. Por exemplo, se sentimos um medo insuportável de sermos abandonados, esse pavor chegou até nós pela experiência de um ou de vários antepassados, e essa marca na alma pode ser transformada com amor.

A cura aqui significa o desmanche do medo, para que possamos nos entregar à vida, ao amor e à confiança nas relações.

Medo da escassez

Compartilho uma Constelação Familiar que facilitei para um estrangeiro polonês que conheci em um período que estava facilitando encontros presenciais de Constelação em Alto Paraíso e em Brasília. Ele me procurou para ver uma questão que o afligia há anos.

Este homem carregava um medo inexplicável de passar fome. Como era um terapeuta bastante atento ao seu mundo interno, percebia isso como pavor da possibilidade de escassez em várias áreas da vida, inclusive nos relacionamentos, que nunca haviam durado mais do que oito meses. Um medo que aparentemente não fazia o menor sentido, já que ele nunca passara fome, sempre teve uma situação financeira excelente e era aparentemente afetuoso, cordial, bonito.

Me contou que havia descoberto há poucos anos que uma tia, irmã de sua mãe, no período da Segunda Guerra Mundial, morrera de fome. Mas esse conhecimento ainda não havia sido suficiente para aplacar o medo, e algo precisava ser feito na dimensão da alma ou inconsciente da família para liberar essa marca ancestral. De fato, seu Campo revelou a forte identificação que ele tinha com a tia apartada da história do clã. Essa era uma das dinâmicas ocultas.

O aspecto do medo dentro dele representava essa tia que morreu de fome, exemplificando o que acabo de dizer sobre a correlação entre aspectos psíquicos internos e pessoas excluídas. No trabalho, houve a devida inclusão amorosa e liberação da tia, para que o cliente pudesse soltar o destino dela e seguir sua jornada na consciência de que a melhor maneira de honrar a ancestral era transformando o medo herdado em confiança e entrega.

Nessa mesma constelação, havia outras dinâmicas, como a dificuldade de sua mãe em lhe dar colo e conforto emocional. Então colocamos a avó e pudemos ver que sua mãe também não havia recebido acolhimento pela dureza da vida na época. Assim, o representante do cliente compreendeu e a reverenciou espontaneamente, deitando de bruços no chão diante dela, por um longo tempo. O cliente enxergou sua própria resistência em perceber que sua mãe havia feito seu melhor e chorou muito vendo seu representante reverenciar a representante de sua mãe.

A Constelação foi concluída com um abraço emocionado entre o cliente e a representante de sua mãe e depois com seu próprio representante, indicando seu autoacolhimento. Em seguida, todo o grupo foi sentindo o chamado para entrar no abraço, que se materializava como abundância de afeto, troca, riqueza e nutrição em todos os sentidos. Enquanto estava sendo envolvido pelo abraço coletivo que nasceu espontaneamente do movimento do Espírito, o cliente dizia em lágrimas: *Abundance*! *Abundance*! (Abundância! Abundância!)

Ele passou um mês me mandando mensagens, compartilhando seu bem-estar, leveza e confiança renovada diante da vida. Onde antes havia o medo da falta, na conclusão do trabalho, se transmutou em espiral da abundância, que é o amor em expansão.

O cão como o guardião do dono

Trago o relato a seguir como exemplo de como um animal pode fazer parte do sistema de maneira profunda e efetiva. Me encontrava na formação de Constelação Familiar quando um amigo me pediu ajuda para uma situação que já vinha se arrastando há anos na sua vida.

Como eu estava na fase de treinamento, facilitava Constelações quase todos os dias de forma gratuita, e os clientes sabiam dessa condição de formanda. Como já citei, o treinamento é uma etapa seríssima e fundamental para estar realmente preparada para a função de facilitadora.

Eu conhecia esse amigo há uma década e ele já havia me falado sobre sua dificuldade de se relacionar com a mãe. Na época eu o orientei dentro da Visão Sistêmica, porém, como já vimos, uma coisa é a pessoa entender mentalmente os princípios sistêmicos, outra é vivenciar a fenomenologia dentro do trabalho e experimentar, de corpo e alma, as liberações. Até porque a Visão Sistêmica é algo tão novo que demanda tempo para ser incorporado.

Confesso que cheguei a me perguntar se seria capaz de realizar esse trabalho com a competência necessária, consultei minha professora, que me encorajou e, por fim, concordei em facilitar sua Constelação dando meu melhor.

Na experiência do trabalho, símbolos arquetípicos pertencentes ao universo experiencial daquela família são revelados, e muitas vezes o que não faz tanto sentido para a maioria das pessoas que estão participando é exatamente o que vai virar chaves poderosas de transformação na vida do constelado.

Eu sabia sobre seu cão, que estava muito velho e doente. Algumas vezes fui à sua casa e o via cuidando do velho amigo canino, que já não enxergava nem andava bem. Essa relação com o cão me sinalizava que ali havia um significado sistêmico profundo.

Começamos o processo para realizar o trabalho. Eu ia fazendo perguntas, e ele ia dando detalhes que me deixavam arrepiada — sensação corporal que às vezes aparece indicando que estamos no caminho certo na investigação sobre a origem do sintoma. Todos os irmãos de sua mãe tinham uma conexão clara com a morte. Eram uns seis tios com tendências suicidas. Um havia realmente tirado a própria vida, e outros, morrido em momento de alto consumo de remédios ou bebida alcoólica. A maioria tinha tendência à depressão, inclusive meu amigo, que há anos transitava por uma vida reclusa e meio travada em suas possibilidades profissionais e afetivas.

Vale dizer que a expansão no brilho profissional e na afetividade tem conexão direta na nossa relação com a mãe. Se não temos uma ligação saudável com ela, a vida não flui. Mas vou aprofundar esse tema mais adiante. Vamos devagar, porque o conteúdo é vasto, profundo e inteiramente novo em nosso sistema de crenças atual.

Eu sentia que as dificuldades na vida dele estavam relacionadas com esse conflito, mas o buraco era bem mais embaixo, pois o padrão autodestrutivo presente na maioria dos irmãos dessa mãe fortalecia o poder da dinâmica oculta.

Diante do quadro que ia se apresentando, foi ficando cada vez mais claro que o animal não estava sendo apenas um protetor de energias e reveses normais do dia a dia, mas sim um guardião da própria vida de seu amado dono.

Eu já tinha as informações essenciais para abrir o Campo e observar a necessidade de movimento específica daquela família. Convoquei umas dez pessoas para representar e me coloquei de peito aberto para facilitar o que já estava pronto para ser visto, incluído e liberado. Foi uma das Constelações mais tocantes que já facilitei. Cada parente desencarnado ou vivo estava em profundo sofrimento. Os representantes dos tios que morreram por overdose de remédio ou álcool sentiam o cheiro das substâncias que utilizavam, e o que se matou estava bem mal. Precisavam que sua dor fosse vista para se sentirem liberados. Lembro que ninguém sabia absolutamente nada da história do meu amigo.

Facilitei a liberação desses ancestrais através dos representantes e a reconciliação do representante do meu amigo com a representante da mãe. Isso é algo que não dá para ser descrito em sua profundidade, só na experiência direta.

Já com liberações importantes sendo feitas, coloquei um representante para o cão, e se confirmou o que antes era apenas uma intuição: o cachorro havia chegado ao caminho do meu amigo para ser o guardião de sua vida.

Como isso é revelado? O representante do cachorro trouxe o que sentia, e o relato era de um amor profundo e verdadeiro em relação ao seu dono. Havia um desejo de cuidar e proteger, pois o cão percebia de alguma forma que meu cliente era muito sensível, que se conectava com a memória dos tios e tias e se sentia puxado para o mesmo destino.

O sentimento de fidelidade do meu amigo o impulsionava para a mesma direção dos tios, e ele não tinha nenhuma consciência disso até ver no Campo toda a dinâmica sendo revelada. Em sua relação com o cão, que chegou muito novo e de forma inesperada em sua vida, meu amigo escolheu cuidar dele até o fim, sem saber o que realmente representava a vinda desse animal.

Os movimentos iam se sucedendo orgânica e amorosamente até que o representante do cachorro, que a princípio estava extremamente preocupado com o dono, foi se harmonizando diante da liberação de cada destino e do fortalecimento espiritual do meu amigo. No final do trabalho, o animal se sentia liberado para seguir seu caminho em paz.

Três dias depois, esse cão fez a passagem para outra dimensão nos braços do seu dono, num momento sublime e tranquilo, iluminado por um raio de sol poente, como meu amigo descreveu para mim.

Depois disso, a vida dele passou por uma linda revolução. Seus caminhos profissionais se abriram com viagens pelo mundo e finalmente assumiu com maturidade uma relação afetiva antiga. Os quadros de depressão constante também ficaram para trás.

Até hoje me emociono ao contar essa linda história, que fala de um amor tão grande que ainda não podemos conceber. Não apenas sobre o amor do cão, que não conseguia partir sem ver seu dono em segurança, mas das pessoas por seus antepassados, o que as impele a seguir inconscientemente para a morte, achando que, se fizerem isso, estarão honrando o destino dos que as antecederam.

Na Constelação, a nova ordenação é feita pela consciência de que a melhor maneira de honrar a vida dos que já se foram é reverenciando sua existência e estando na vida plenamente, sabendo que um dia todos se encontrarão na morte.

> *"Não se forma o coração sem a força do espírito."* — Dr. Sérgio Felipe de Oliveira (neurocientista, médico, doutor em ciências biomédicas)

APRENDENDO A RECEBER

Faça uma lista do que gostaria de receber dos outros e da vida.

Leia essa lista com atenção.

Feche os olhos e se imagine diante de você mesmo recebendo aquilo que sente falta.

Se for algo da vida, visualize a cena em que a Vida te dá e você recebe de braços abertos.

Ainda de olhos fechados, receba internamente o que chega para você. Mantenha o peito aberto até sentir a receptividade verdadeira.

Diga internamente: *Sim!*

Repita quantas vezes quiser.

Observe que você é dispensável na vida de qualquer pessoa. Todos podem sobreviver sem a sua presença, mas você é indispensável em sua própria vida.

Hoje faça algo por si e descreva a sensação com um texto ou desenho.

Pode ser algo simples. Um símbolo de retribuição a você mesmo pela sua companhia.

9
Ordem de chegada

> *"Só aquilo que somos realmente tem o poder de nos curar."* — Carl Gustav Jung

Tenho observado que a vida obedece à leis ou regras que, quando verdadeiramente compreendidas, são como diretrizes fundamentais para que possamos caminhar sem bater a cabeça com tanta frequência.

Pessoas dedicaram toda sua existência ao estudo dessas leis, e posso afirmar que alguns povos de antigas civilizações seguiam esses conhecimentos adquiridos de forma empírica. Felizmente muitas pérolas de sabedoria sobre a natureza humana vivenciadas em culturas mais espiritualizadas estão vindo à tona nesse momento em que o materialismo e a supervalorização da racionalidade entram em colapso, provocando sintomas de depressão, carência e confusão mental. Tal cenário só alimenta a indústria farmacêutica, alimentícia e até armamentista, fortalecendo o comportamento de *manada* e fazendo com que as pessoas sejam manipuladas pelo sistema de consumo automático, sem perceber.

Poderia dizer que livros sagrados, como a Bíblia, o Alcorão, o Bhagavad Gita e outros, representam caminhos reais de compreensão da vida, porém, são escrituras que exigem algum conhecimento para serem interpretadas como manual. Por outro lado, existem diretrizes que são mais simples e acessíveis a qualquer pessoa. As leis herméticas, de

Hermes Trismegisto,[8] e as Ordens do Amor, de Bert Hellinger, são bons exemplos do que estou falando.

As leis herméticas contidas no livro *O Caibalion* podem ser consideradas como o fundamento da física moderna ou da física quântica, e as Ordens do Amor, explicada em dezenas de livros do Bert Hellinger, podem representar as bases para relações saudáveis em todas as áreas da vida. Esses dois manuais têm sido para mim fonte de luz de consciência, me guiando rumo à saída da caverna.

Porém, antes de receber o sagrado conhecimento sobre a inteligência que nos rege, é necessário domar nosso cavalo, ou ego, para que se coloque em obediência. Enquanto estivermos na ilusão de que sabemos alguma coisa, não sairemos do lugar.

Não é tentar matar o ego, pois isso é impossível. Ele é nosso veículo de circulação no mundo. Se for um ego fraco, sucumbe ao primeiro desafio da vida. Falo de um ego forte, mas obediente à consciência, pois esse aspecto mais sábio do nosso ser enxerga nosso estado de ignorância e sabe que precisamos estar atentos para aprender o tempo todo. Sem sacrifícios. Apenas estando em presença, desfrutando a Vida com gratidão e humildade, obedecendo seu fluxo e concordando com ele.

Depois de introduzir e exemplificar a lei do pertencimento, vamos mergulhar na ordem de chegada. Lembrando que não são crenças inerentes a uma determinada cultura, mas leis que se estabeleceram pela repetição de padrão de manutenção da vida há incontáveis gerações da humanidade e foram sistematizadas por Bert Hellinger para transmitir o essencial e tornar a compreensão acessível a todos.

8 Figura mítica que combina aspectos do deus grego Hermes e do deus egípcio Thoth. Hermes é considerado o pai do hermetismo, que busca compreender os mistérios do universo e da existência humana.

Hierarquia natural

Bert aprendeu com os povos Zulus africanos e com sua experiência nas dinâmicas de grupo que existe uma hierarquia natural referente à ordem de chegada dentro do mesmo sistema ou grupo. Percebo em mim e em muitas pessoas que a ideia de *hierarquia* ressoa como algo negativo. A compreensão que me vem é de que, pelo fato de estarmos num grau de evolução ainda imaturo, quando alguém está numa posição hierárquica superior geralmente se coloca como explorador de quem está *abaixo*.

Mas, se refletirmos como seria essa posição *acima* para alguém mais evoluído espiritualmente, chegaríamos facilmente à conclusão de que essa pessoa *superior* adotaria uma postura de compreensão perante os *inferiores*, se tornando seu mestre e protetor. É o que acontece com alguns pais, irmãos mais velhos e naturalmente mais maduros, mestres, professores que são mais conscientes e capazes de guiar multidões pela lucidez revelada no exemplo e no cuidado com os outros (vide Jesus, Buda, Gandhi etc.).

O poder da sabedoria natural advinda da experiência os coloca *acima* e trará generosidade e transmissão de conhecimento quando a pessoa se desenvolve espiritualmente no fluxo da vida. Os seres humanos mais conscientes são dotados de sensibilidade, por isso são capazes de acolher as diferenças e enxergar a alma por trás da aparência ilusória do mundo material.

Portanto, a lei da ordem de chegada nos diz que quem chegou primeiro tem precedência em relação a quem veio depois, simplesmente porque abriu o caminho, que pode ser apenas uma base na criação de uma empresa ou a transmissão do bem maior, a Vida. Esse é o sentido da palavra *precedência*: posição de quem chegou primeiro, quem precede e por isso está na condição de preferência. Sinto que a maturidade e a humildade que nos convidam a respeitar os mais antigos têm um valor espiritual.

Se olharmos para como as coisas são na natureza, podemos projetar a mesma dinâmica na dimensão sutil das relações.

O que vemos numa floresta é que uma árvore mais antiga se torna a presença mais importante e benéfica para o bioma em que se encontra. É ela que proporciona a maior sombra, a maior riqueza de comunicação através de suas raízes e a maior memória de vivências. Ela é o ser que, por ter chegado há mais tempo, recebeu mais da vida e, por isso, tem mais a oferecer. Pois como disse Lucas em seu evangelho (Bíblia, Lc, 12:42-48): "*A quem muito é dado, muito será cobrado*". Entendendo esse *cobrado* como responsabilidade e também oportunidade de retribuir.

Desrespeito à ordem

Se desrespeitarmos os que nos precederam, a desordem irá se instalar no sistema. Eu sei que é um desafio acatar essa diretriz. Eu já fui muito rebelde e gostava de usar essa força para subverter a ordem, desobedecer quem veio antes e fazer o que *me dava na telha*. Porém, minha vida só andava para frente quando a maturidade de uma fase mais centrada chegava, me colocando no meu devido lugar.

Sim, a vida sempre tenta nos direcionar para nossos lugares e, quando nos permitimos obedecer, a força traz um período que se revela mais promissor, de maior expansão. Até que nos rebelamos de novo e mais uma vez metemos os pés pelas mãos. Ao fim e ao cabo, o cansaço pode nos conduzir à abençoada lucidez.

Não estou propondo obediência cega. Bert sempre foi um defensor das pessoas que buscam sair da ordem estabelecida, pois são elas que trazem mudança, evolução.

Eu própria sempre me rebelei para desbravar novos caminhos. Isso traz caos no princípio, mas também expansão. Porém, nos últimos anos tenho percebido que esse movimento de inovação pode ser feito amorosamente, com todo o respeito às escolhas dos que vieram antes, porque obviamente é algo que não podemos mudar.

A Constelação Familiar nos ensina sobre a coerência de primeiro honrar ou reverenciar os que nos transmitiram a vida, para só então poder soltar o antigo padrão de comportamento e fazer diferente, pois quem chegou primeiro dá a condição inicial para tudo o que será construído depois.

Muita gente acha que o movimento de honrar os próprios pais é uma ação que aprisiona, mas é exatamente o contrário. A confusão se dá porque a pessoa associa o ato de honrar a uma atitude subalterna de precisar se submeter e, na sua imaturidade, quer impor uma opinião pessoal exigindo que os que chegaram antes mudem, como se tivesse conhecimento para saber mais do que o plano perfeito do Criador.

Porém honrar pai e mãe aqui é: concordar com a própria história enxergando todas as forças que foram ativadas graças ao pai e à mãe que teve. E se a experiência não ativou crescimento, isso se deve à resistência da própria pessoa, ao orgulho. Portanto, se trata de um aspecto imaturo que precisa ser trabalhado. Ela é a maior inimiga de sua evolução, porque não quer ceder à realidade. Prefere brigar com a Vida, não aceitando sua condição. Concordar com o que foi é um sinal de inteligência, maturidade que nos alinha com o plano Divino.

Quem permanece no orgulho pode estar usando a máscara da vítima ou até de superior aos pais, ou seja, ela está fora do lugar de filho, que é o local abençoado de quem recebe. O que vai determinar a verdade da relação é o que acontece dentro da pessoa. Ela pode ajudar os pais com gratidão no coração por tudo o que recebeu ou pode estar ajudando com o sentimento de que é melhor do que eles. Portanto a inversão de lugar tem a ver mais com o sentimento do que com a ação.

Bert nos ensina que pais imperfeitos são os que melhor preparam os filhos para a vida.

Desse modo, aceitar pai e mãe é se aceitar, pois suas vivências e seus corpos nos constitui, literalmente. Abrir o coração para pai e mãe na sua condição humana de luz e sombra é abrir o coração para si mesmo integrando a própria sombra e aceitando a própria luz. Portanto, é uma libertação para assumir o que se é. Saindo da ilusão infantil de que pode transformar ou salvar os pais de suas imperfeições. Isso é arrogância disfarçada de bondade.

Existe um ditado que diz: *Deus escreve certo por linhas tortas*. Eu digo: *Nós enxergamos torto as linhas certas de Deus!*

Estou te dando uma chave importante. Se você se rebela contra os antigos hábitos de maneira destrutiva, pode até dar seu novo passo, mas isso vem acompanhado de culpa pelas rupturas. Porém, se você reconhece o valor dos que chegaram primeiro, aceita seus limites e agradece internamente, compreendendo que cada pessoa faz o seu melhor, o portal da liberdade se abre, e você poderá dar seu novo passo sem se culpar, sem se destruir inconscientemente.

O julgamento e condenação aos pais se projeta na relação da pessoa com ela mesma, pois eles habitam seu coração, sua alma. Assim, a pessoa não consegue brilhar e ir para o mundo, pois o coração está fechado para a origem de sua vida. O amor como força vital está bloqueado e ela não se sente merecedora de ser abençoada.

Nesse processo vamos descobrir que é a criança ferida no adulto que está assumindo a relação com os pais, pois a postura é claramente imatura e está baseada em pensamentos fantasiosos, desejos de realizações impossíveis. Se a pessoa não perdoa os pais por algum maltrato ou ausência, é sua criança interna ferida na infância querendo mudar o passado e isso é impossível. Se a pessoa tem uma relação de codependência, como se ela fosse a salvadora dos pais, é sua criança interna querendo se sacrificar para salvá-los e isso também é impossível.

Honrar os pais é sair da visão da criança que os via como deuses. É se tornar adulto o suficiente para assumir as próprias responsabilidades, aceitar que os pais são humanos e devolver a Deus o lugar que é dEle.

Só quando você assume o lugar de adulto se responsabilizando pela própria existência é que pode acolher sua criança interna ferida que tem esperado a vida inteira que esse acolhimento venha de fora. Todo o movimento de autocura acontece dentro da pessoa. Ela abre o coração e então pode receber internamente as bençãos de seu pai e sua mãe.

Essa sabedoria mudou completamente minha maneira de trazer inovação para minha vida e meu sistema. Além da dimensão da família pessoal, a forma respeitosa de agir traz uma nova experiência para a família humana, pois revela que é possível evoluir através do amor, aceitando a dor momentânea de dar o novo passo, sem nutrir sofrimento como temos feito. Fluindo em concordância com as ordens que hoje se apresentam dessa forma por meio do Campo Morfogenético, mas que podem ser transformadas se estabelecemos uma nova experiência pela obediência tranquila.

Me lembro do Rupert Sheldrake dizendo que as leis que regem a vida também estão em evolução. Essa afirmação me marcou! Quer dizer que, se obedecemos às leis pela consciência em vez de resistir, a inteligência que rege a *escola da vida* pode entender essa postura como um grau de maturidade propício à mudança das leis? Essa é a semente que permito florescer em mim, porém sem necessidade de supressão da ordem atual. Hoje meu coração está em paz com o que é.

Desordem na família

Na lei da ordem de chegada, os pais biológicos estão em primeiro lugar, porque obviamente vieram antes, e também porque são as pessoas que nos transmitiram a vida, que é a grande oportunidade de evolução. Sem eles, não estaríamos aqui. Portanto, a ordem de chegada é uma realidade no plano espiritual. Falarei sobre as possibilidades de retribuição aos pais no capítulo sobre equilíbrio da troca.

Pais adotivos, cuidadores e professores também trarão contribuições transformadoras para nossa vida e cada um terá seu lugar de extrema importância como doadores de cuidados ou ensinamentos fundamentais que nos cabe apenas receber e reconhecer o valor, até que um dia possamos fazer também por outros.

O que tenho aprendido com as Constelações Familiares é que cada pessoa tem o seu lugar e só encontramos nossa força quando ocupamos o espaço que nos foi destinado. É elementar. Se estamos assumindo o posto de outra pessoa, não podemos receber o que é nosso e estamos sujeitos a passar uma vida inteira nos sentindo impotentes, frustrados ou injustiçados.

Isso se apresenta com muita força quando um filho ou filha quer ocupar, conscientemente ou não, o lugar do pai ou da mãe, sendo que a tentativa de desempenhar o papel do outro às vezes foi originada numa intenção de ajudar.

Por exemplo, quando um pai ou mãe morre ou vai embora, um filho pode querer ocupar esse posto com a intenção de sanar a falta, sem saber que está saindo do seu lugar de força, de onde ele realmente poderia ajudar toda a família. O certo é ele conseguir honrar quem se foi com o conhecimento de que ninguém pode ocupar o lugar daquele que sempre estará presente na memória, no Campo Mórfico ou inconsciente do clã.

Às vezes, os filhos, que ocupam o lugar dos pais, assumem inconscientemente uma posição de parceiro matrimonial. Em uma dimensão profunda da psique, eles se sentem como esposa ou marido. Uma das consequências de um filho estar *casado* com a mãe ou uma filha *casada* com o pai é não conseguirem se relacionar satisfatoriamente com outra pessoa, pois o lugar destinado ao cônjuge já está ocupado energeticamente. (Essa percepção está completamente alinhada com o *complexo de Édipo* e *complexo de Electra* observado por Freud.)

A falta de reconhecimento

Existem inúmeras desordens possíveis em uma dinâmica em que a pessoa está fora do seu lugar. Às vezes essa posição trocada foi tomada na infância e permanece inconsciente, estabelecendo um estado de infantilidade nas relações de adulto. Outras vezes, a troca de lugar aconteceu em fase de mais consciência sobre os próprios atos, porém a pessoa não conhece as consequências danosas dessa escolha.

Perante o Todo, não existe lugar melhor e pior. O que existe são postos específicos relacionados a cada experiência de acordo com a necessidade evolutiva de cada um. O que preciso viver pertence a mim e a mais ninguém. A atitude de tentar ocupar o lugar de outra pessoa demonstra arrogância, mesmo que pareça altruísmo, quando é ajuda para sustentar um fardo. Se o peso não lhe pertence, fica insustentável. O fardo só é edificante para quem tem a responsabilidade de levá-lo. Não temos o direito de pegar o que não é nosso, pois o outro cresce quando assume seu destino, por mais desafiador que seja. A ajuda pode acontecer de maneira pontual e com muita atenção sobre os limites do apoio.

Quando a pessoa sai do seu lugar, estranhamente ela não recebe reconhecimento. É como se todos percebessem de forma inconsciente que ela quer abraçar a incumbência de alguém, e isso não lhe cabe. No movimento da Alma, fica a sensação de desrespeito à ordem, que, além de não trazer aprovação, ainda pode provocar raiva do grupo contra a pessoa deslocada. Mais uma vez, é a lei ordenando e direcionando o que saiu do seu fluxo próprio.

A pessoa que está fora da ordem sente que não é reconhecida, tenta manipular os acontecimentos para obter a aprovação que ela espera, e isso naturalmente traz cansaço, exaustão e críticas por parte dos outros.

Cada pessoa tem sua jornada, suas responsabilidades espirituais e o direito e a capacidade de dar conta do que é seu. A força só aparece quando ocupamos o nosso lugar e encaramos os desafios que nos foram destinados.

Podemos relacionar a musculatura do corpo com nossa espiritualidade. Os músculos físicos se fortalecem quando estão sendo exigidos, em atividade. Se não os usamos, eles atrofiam, se deterioram. É só quando vivemos uma experiência desafiadora que nossa força é resgatada das profundezas e se desenvolve.

A irmã primogênita

A história que tenho para exemplificar esse princípio da hierarquia aconteceu comigo e possivelmente é um dos meus temas de vida. Sou a filha mais velha de uma sequência de cinco filhos. Abro parênteses para dizer que muitas vezes um casal que viveu um aborto provocado ou espontâneo antes do primeiro filho que nasceu tenta esquecer o fato pela dor que sofreram. Com isso, o filho que vem depois do aborto passa a vida pensando que é o primogênito, pois seus pais assim o declaram. É um exemplo bem comum de ocupação do lugar que não lhe pertence, só que nesse caso o motivo não é arrogância, mas a falta de verdade por parte dos pais. Então o filho que sobreviveu se sente uma pessoa incapaz de carregar responsabilidades, pois lá no seu íntimo tem a sensação de sustentar um peso grande demais para ele. No meu caso, fui realmente a primeira, porque fui feita já na lua de mel do casal.

Contei sobre o forte evento que vivi na infância, envolvendo minha mãe, avó e irmã. Talvez isso tenha ajudado a desordenar os lugares, mas o fato é que cresci sem clareza sobre minha primogenitura, muitas vezes me sentindo a segunda e achando isso cômodo. Provavelmente até me liberando para sair de casa cedo e ir cuidar da minha vida.

Como disse, sempre senti o impulso de inovar e desbravar caminhos inimagináveis. Esse espírito aventureiro soava incompatível com meu papel de irmã mais velha, que geralmente assume uma postura de maior obediência e proximidade com os pais. Por outro lado, eu costumava exercer o papel de líder, que é inerente ao primogênito. Quer dizer, carregava um poder inato de influenciar, porém na direção da desobediência. Eram pequenas transgressões, nada sério. Porém já denotavam meu espírito subversivo, talvez até um movimento de fidelidade inconsciente à rebeldia dos meus pais quando jovens.

Eu sentia o orgulho deles em relação a mim e a força do legado precioso que recebi, mas ao mesmo tempo queria ter liberdade e por isso saí de casa com 20 anos, deixando o lugar vago para quem quisesse ocupar. Felizmente meus pais eram muito unidos em suas funções de masculino e feminino que se complementam e, assim, eu não sentia a lacuna que só apareceu quando o comando paterno ficou comprometido pela idade avançada.

Aproveito para trazer uma tendência na dinâmica entre irmãos. Geralmente o segundo filho compete com o mais velho pela atenção dos pais. O caçula tende a querer contribuir além, se dedicando muito para equilibrar a balança do que recebeu dos pais e dos outros irmãos, pois chegou por último. Pode observar.

Eu tinha disciplina, determinação e liderança, mas não queria saber dessa responsabilidade. Preferia mil vezes ficar no meu mundinho mais limitado sem precisar da aprovação de ninguém. Quando minha vida ficou mais exposta por eu estar fazendo novela, aquilo me tirou por um tempo da zona de conforto. Senti o peso da responsabilidade, mas foi uma condição momentânea e eu fiz de tudo para que a fama passasse o mais rápido possível. Inconscientemente, claro.

Hoje eu vejo que essa postura tinha a ver com a minha resistência em assumir meu lugar de primeira filha. Se eu estava fora do meu lugar de força, não tinha autoconfiança e naturalmente fui colecionando medos até travar diante de cada caminhos que a vida me ofertava.

Recebia convites incríveis para alçar voos inéditos e passei a dizer *não* para quase tudo. Aos poucos fui recuando diante do movimento de expansão e no fundo me sentia incapaz. Muito medo. Meu primeiro livro, *O Medo do Sucesso*, foi uma confissão dificílima sobre essa postura que me paralisou por anos. A escrita me trouxe o entendimento de que a desculpa de humildade para recusar convites era falsa. Descobri que carregava um temor paralisante e que a verdadeira humildade é desenvolver coragem para brilhar no meu potencial máximo. Sem ganância nem angústia, mas simplesmente dizendo *sim* aos chamados da Vida.

Hoje enxergo que crescer dá trabalho e, quando o fazemos pensando em servir, nos sentimos ocupando nosso lugar de força, alinhados com o propósito e em concordância com o Plano Maior.

A partir dessa compreensão, os dons podem florescer e ser compartilhados, pois só temos aquilo que podemos distribuir. Mas naquela época faltava assumir meu lugar na família e consequentemente no mundo.

A tomada de consciência

Meu pai sempre colocou ordem através de um posicionamento firme e pacífico, escutando minha mãe que era quem ditava as regras em casa. Mas o fato é que devido à idade e outros fatores que agora não vêm ao caso, meu pai precisou que cada um dos filhos assumisse seu lugar na família e nos projetos. Vale dizer que trabalhei com ele nas artes plásticas até minha adolescência. Ao final do ensino médio, passei a me dedicar à faculdade de dança contemporânea até sair de casa. Retornei aos trabalhos da família alguns anos depois, já com uma carreira consolidada como atriz.

Meus quatro irmãos se tornaram artistas de diversas áreas e, a cada realização cinematográfica de nosso pai, cada um ocupava seu lugar de excelência, independentemente da hierarquia entre as funções. Dentro de uma realização artística, todos têm um papel fundamental, do produtor de set ao diretor artístico. Na minha família, a segunda filha, Cândida, é produtora cultural; a terceira, Flor Violeta, é coreógrafa e arte-educadora;

o quarto filho, João Riso, é músico e doutor em flauta; e o mais novo, Tito, é escritor e palestrante, além de advogado.

O que aconteceu foi que quando meu pai não pôde mais ser o capitão do barco, sentimentos inconscientes e lugares trocados foram revelados. Pude ver que eu ainda carregava medos e a sensação de incapacidade perante meus irmãos. Só ali no seio da família e diante das nossas sombras expostas pude perceber a importância de ocupar minha posição de primogênita e finalmente receber a força e a autoconfiança inerente ao meu lugar com direitos e deveres.

Essa experiência me trouxe tanto crescimento que você não pode imaginar. Primeiro que, diante dos resultados de incompetência de pessoas que não eram da família, pude comprovar minha própria capacidade de realização. Eu ainda não enxergava e essa descoberta foi como um salto quântico de conexão com meu lugar de excelência.

Outro aprendizado foi que a descoberta da força pessoal veio do contato com minha sombra. Não ter o comando do patriarca me trouxe uma profunda sensação de injustiça e de estar sendo vítima. Então, meu impulso inconsciente foi impor meu espaço de forma tão contundente que, em determinados momentos, me senti vilã. Fui reativa ao que vi como falta de respeito, e percebi que precisava ter mais lucidez para conduzir minha potência recém-descoberta. Enxerguei que o poder verdadeiro vem da escolha: *eu uso a força que me foi dada para unir ou para me vingar?*

Experimentei a sombra e, pelo contraste, acessei a luz da consciência, abrindo mão daquilo que virou o centro da disputa e que estava causando a discórdia. Enxerguei o valor imensurável de conservar a paz no meu coração. Desisti do que estava sob o domínio do ego e me firmei no meu lugar de irmã mais velha, portanto mais madura, mais firme e cuidadora.

Entendi profundamente a verdade da afirmação de Bert Hellinger quando diz: "A paz olha para a frente". E só no estado de paz podemos ser criadores de uma nova experiência.

Senti na própria pele quando a Consciência Sistêmica nos revela a troca de lugar entre agressor e vítima. Na verdade, essas posições são misturadas. Percebi que logo depois de me sentir atacada, revidei com mais violência. Se não tivesse despertado logo a consciência, teria sido mais agressora do que a pessoa que agrediu primeiro.

A partir daí, todas as minhas atividades foram me colocando em uma posição de liderança, e eu não fugi mais. Nos últimos anos, fiz formação em Constelação Familiar, algo que conheço há décadas, mas nunca havia ousado pensar em ocupar o lugar de facilitadora; fiz formação em Ecopsicologia aplicada, Ecotuner, facilitadora de Banho de Floresta e cursos diversos que só posso exercer sem o medo de liderar, que eu nutria antes de ocupar meu lugar de primogênita. Quer dizer, minha vida mudou completamente, porque minha vibração mudou. Ganhei autonomia espiritual e, consequentemente, material. Hoje sou profundamente grata a tudo o que aconteceu, por ter enxergado cada um com mais clareza e reconheço meu crescimento em um momento tão doloroso.

A ordem nos relacionamentos íntimos

Outra maneira comum de não observação dessa ordem é não aceitar o lugar de chegada dentro de relacionamentos íntimos. A maioria das pessoas tem um histórico de relações afetivas que foram essenciais para o processo pessoal de desenvolvimento, tendo tido mais de um casamento. Assim como existe hierarquia na ordem de chegada na família, também há nas relações de um modo geral, sejam profissionais ou íntimas.

Porém, no relacionamento íntimo, é mais comum a pessoa querer comandar a vida do parceiro ou parceira e querer se adonar também de sua história, tentando apagar a memória das relações anteriores. Esse é um passo fundamental para o fracasso da relação.

Por quê? Como disse, a princípio, só temos força quando ocupamos nosso próprio lugar, pois não chegamos àquela ordem por acaso, e, perante o Plano Maior, não existe lugar melhor ou pior. Existe o lugar de excelência de cada pessoa. Só ali ela encontra a força dela. Costumo dizer que estamos no *tabuleiro de Deus* e cada peça precisa ocupar seu posto para estar contribuindo no jogo da criação.

Enquanto não enxergamos o que a vida tenta nos mostrar, seguimos sofrendo e causando sofrimento.

Sugiro que você preste atenção. Se suas relações se desenvolvem com equilíbrio e harmonia, você está fazendo tudo certo. Mas, quando, ao contrário disso, aparecem muitos eventos que conseguem atrapalhar sua história romântica, é porque alguma desobediência às leis está sendo praticada. E uma das possibilidades é você não estar respeitando as histórias anteriores.

Se a pessoa se separou de outra, não precisa continuar convivendo, porém todos os envolvidos precisam saber e considerar tranquilamente o seu histórico, principalmente se foram gerados filhos. Se alguém que acaba de chegar na vida amorosa do outro exige que não se fale sobre a relação anterior ou da mãe/pai dos seus filhos, o relacionamento já começa sem base de sustentação.

Deixe o nome da pessoa anterior ser citado com tranquilidade quando for o caso de trazer o passado em uma conversa e isso se tornará um pilar de força. Fale da mãe ou do pai dos filhos do seu parceiro ou parceira com paz no coração e com respeito. Essa consideração faz muito sentido e pode chegar a ser um sentimento de gratidão pela ex-esposa ou ex-marido.

Se prestarmos atenção à nossa vida amorosa, podemos perceber que a cada novo relacionamento nos tornamos melhores. Essa é uma tendência natural quando estamos abertos para aprender, porque em toda relação experimentamos atitudes que podem ter resultados bons ou ruins. E as ações que trazem conflitos ficam registradas profundamente em nossa memória através da dor. O outro nos ensina sobre nós mesmos, sobre nossos limites, pois na intimidade não é possível sustentar máscaras.

Mais do que em outras relações, somos tocados em feridas mais profundas, aspectos mais secretos da nossa natureza, e somos obrigados a iluminar sombras pessoais que evitávamos olhar. Portanto, nesse processo de autoconhecimento através do outro, eu melhoro e amadureço.

Desse modo, quando conhecemos alguém, essa pessoa foi trabalhada dentro de relações anteriores e chega para nós no ponto perfeito de maturidade para se encaixar conosco. Se ao contrário de melhorar, a pessoa piorou e adquiriu traumas, ainda assim estará perfeita para o que precisamos aprender naquele momento. Não nos atraímos por acaso. Inclusive vemos com bastante frequência na Constelação Familiar que os casais tem temas familiares muito parecidos, revelando que precisam de experiência similares para seus caminhos pessoais de evolução. Como um encaixe perfeito de *chave e fechadura*.

Portanto, podemos ser o fator de colaboração na nova etapa de vida do outro. Nos damos as mãos na decisão de finalmente avançar para além do que fomos até agora, e mesmo que repitamos erros, podemos testar juntos novas maneiras de resolver.

Eu sempre tive um sentimento de gratidão genuína pelas mulheres que vieram antes de mim nas relações importantes da minha vida. Nunca senti ciúmes ou medo do meu parceiro voltar para a relação anterior, porque eu própria nunca pensei em voltar para alguém cuja história comigo já foi vivida e concluída. Também aprendi a agradecer pelo término da relação passada dele, para que eu pudesse ser a nova companheira.

Além disso, agradeço internamente à mulher que vem depois, e isso é tão real que conquisto com mais ou menos esforço a convivência com ela. A aceitação e gratidão se deve ao fato de que a pessoa que chega nos ajuda a concluir e virar a página do que já se encerrou.

É como se a nova relação depois de mim me ajudasse a liberar também meu coração para receber novas experiências de amor.

Curar pendências

A compreensão da ordem de chegada pode nos ajudar a enxergar o nosso lugar nas diversas áreas da vida. Desse modo, todos se sentem vistos, leves e fortes para seguirem seus caminhos.

Sob a ótica da ordem de chegada, precisamos concluir satisfatoriamente o ciclo anterior, para poder iniciar um que seja realmente novo. Sair da relação sem deixar pendências é falar o que precisa ser dito, fazer o que precisa ser feito, se dando valor e alimentando o respeito pelo outro no seu coração.

Se saímos de uma relação deixando pendências, entramos na próxima fadados a viver experiências muito parecidas. Se não fomos capazes de transcender nossa dificuldade de lidar com algum padrão pessoal, é porque não aprendemos a lição, e assim estamos sujeitos a ter a sensação de que estamos na mesma relação, mudando apenas o nome da pessoa.

Por exemplo, se você se sente ameaçada de ser trocada toda vez que aparece alguém interessante, precisa olhar para sua insegurança na relação, pois você não pode mudar o outro, mas pode investigar a ferida em você, que dói quando é tocada. Você precisa encontrar a origem dessa dor, que pode estar em outras gerações do seu sistema. Pode ser uma experiência herdada pedindo liberação. Você precisará transformar o trauma ancestral, substituindo a crença de que será trocada por outra pessoa.

A nova crença vai depender da origem do trauma. É essa compreensão do passado e substituição da imagem de dor que a Constelação Familiar traz. Depois do processo de transformação, você vai construir confiança em si, no seu parceiro ou sua parceira e deixar de ver a pessoa de fora da relação como uma ameaça.

Sei que às vezes a pessoa realmente provoca ciúmes, mas nós atraímos esse parceiro porque existe em nós a necessidade de viver a experiência dolorida para transformar. Alguém que não tem insegurança detecta a tendência de manipulação e nem entra na dinâmica. Ou, na primeira provocação de ciúme, sente a dor e vai embora. Não compactua com o padrão de sofrimento e se sente aliviada de enxergar que o outro a estava iludindo.

Se você não buscar essa autoliberação, continuará a sentir o mesmo medo, e talvez isso se torne o grande motivo do fim de todas as suas relações. O padrão vira um fantasma que estará sempre à espreita para entrar em cena dentro de você toda vez que aparecer alguém chamando mais atenção no ambiente em que estiverem.

Por outro lado, se você olha e transforma o que bloqueia o amor verdadeiro, cada relação será nova e trará desafios, oportunidades inéditas de crescimento. É possível até que você possa renovar um mesmo relacionamento, fazendo-o perdurar. Não que o tempo da relação signifique sucesso, mas pode acontecer de durar mais porque você não estará fugindo das questões, mas sim as encarando e transcendendo.

Fugir do outro é fugir de si. Resolver a relação com o outro é resolver a relação consigo.

> *"Se você se sente infeliz agora, tome alguma providência agora, pois só na sequência dos agoras é que você existe."* — Clarice Lispector

O QUE NOS FAZ CRESCER

Escreva em uma folha o nome das relações íntimas que impactaram sua vida.

Ao lado de cada nome, escreva os dons que floresceram a partir daquela convivência.

Coloque também a sua influência positiva sobre o outro. Pode ser algo que você ensinou deliberadamente ou um hábito que o outro adquiriu por sua causa.

Numa terceira coluna, tente lembrar de coisas que vocês fizeram juntos pela primeira vez.

Este registro pode durar alguns dias, em que você vai acrescentando algo cada vez que se lembra.

Quando sentir que é o suficiente, observe... perceba o quanto você cresceu e se enriqueceu internamente por causa dessas histórias...

Agradeça pronunciando o nome de cada pessoa e dizendo: *Você tem um lugar no meu coração.*

10
Equilíbrio da troca

> *"Nenhum homem é teu inimigo; nenhum homem é teu amigo. Todos são igualmente teus instrutores."* — Helena Blavatsky

O equilíbrio da troca é a lei fundamental para criar força de vínculo nas relações. Quanto mais equilibrada é a troca entre duas pessoas, mais potente se torna a conexão entre elas. Sem esse equilíbrio, a união não se estabelece.

Chamo a atenção para o sentido profundo da ação dessa ordem. O dar é se doar com intenção e energia. O receber não é passivo, mas sim tomar posse e desfrutar, incorporar, aceitando de peito aberto, tornando seu. Não é algo que precisa ser lembrado a todo instante. É um estado de abertura mútua.

Um exemplo comum de desordem dessa lei pode ser observado na relação íntima, quando uma das partes sente paixão e tem medo de perder o outro. A pessoa que teme ser abandonada dá mais do que recebe, achando que com isso vai criar dependência naquele que ela quer segurar. Ledo engano. Se apenas um lado está dando em demasia e a base é a energia do medo no lugar de amor, a relação fica frágil, e o que não consegue retribuir, não se percebe no direito de receber e desfrutar. Se sente em dívida e acaba indo embora.

Na relação de casal é preciso ter igualdade de valor e de capacidade entre o dar e o receber. Todo casal se merece no sentido que atrai aquele que é compatível com sua maturidade.

O processo geralmente é inconsciente, pois em nossa sociedade a auto-observação ainda não é praticada como poderia. Então a pessoa que se sente devedora começa a perceber o mal-estar a respeito do outro e cria explicações, plausíveis ou não, para justificar que a relação a faz sofrer. E realmente faz; só que o motivo é simplesmente o desequilíbrio na troca, que traz sensação de incapacidade a quem dá menos.

Portanto, se a pessoa realmente quer a relação, precisa dar espaço ao outro, percebendo onde ele pode contribuir e permitindo que isso aconteça naturalmente, sem cobrar. A cobrança também traz a sensação de pressão e de incompetência à pessoa que está sendo cobrada, e ela vai embora por se sentir insuficiente, menor, onde deveria se sentir no mesmo nível.

Outro aspecto é que essa reciprocidade pode ser positiva ou negativa. Quer dizer, as pessoas podem tanto escolher trocar favores, conhecimentos e carinhos, quanto ofensas, indiferença e violência. Isso também é troca e fortalece a relação, porém o vínculo acontece em um ambiente infernal, muitas vezes se tornando um vício destrutivo para ambas as partes. As pessoas se acostumam com o sofrimento e já não conseguem mais viver sem, nem desenvolver uma relação saudável. Engessam a ideia completamente equivocada de que o amor e a dor andam juntos. É o prazer negativamente orientado. O prazer no sofrimento, que também é nutrido por intenção e energia vital, trazendo a sensação de estar vivo pela experiência do drama, das emoções intensas. Porém no lugar de nutrir, fortalecer, a toxidade enfraquece, destrói.

Desse modo, na troca de amor, a retribuição pode ser sempre um pouco maior para que a dinâmica amorosa cresça. Na troca de desamor, a réplica pode ser sempre um pouco menor para que a dinâmica decresça, perca a força. Como uma roda que está girando para o lado destrutivo e, se quisermos mudar a direção, precisaremos primeiro diminuir a intensidade, parar, baixar as armas.

Claro que estou falando de mudança de rumo em uma situação que geralmente é vivida de forma inconsciente. Por isso a auto-observação é tão fundamental. Só assim enxergamos que o que sustenta tal dinâmica é a força da narrativa da vítima e do algoz, em que a pessoa encontra mil motivos para acreditar que não tem como sair da situação. É como se ela estivesse vivendo às cegas. Ela realmente está em um quarto escuro e não enxerga o que está acontecendo. Na maioria das vezes, vai precisar de ajuda ou será sacudida pela vida através de um sintoma físico ou evento caótico que vai tirá-la da zona de conforto para finalmente ter coragem de acender a luz, enxergar o que se passa e responsabilizar-se pela própria transformação.

A sensação que eu tenho é de que todos nós carregamos um pouco desse prazer negativamente orientado. A família humana ainda não conhece a experiência da relação afetiva equilibrada, saudável, madura, na qual ambos podem manifestar suas energias yin-yang, compartilhando a inteireza que ambos desenvolveram internamente e se nutrindo de forma mútua na potência das polaridades que se complementam. Ainda não fazemos ideia do que é essa experiência de relação íntima descrita em alguns livros sagrados da filosofia tântrica.

A maioria de nós tem tanta carência interna que já entra na relação como um pedinte, sem nada para oferecer e precisando muito receber qualquer migalha. Isso também confirma o comando da criança interna que ainda não tem para dar. Precisamos amadurecer para poder nos doar.

Servir ao outro deveria ser um prazer imenso e esse aprendizado começa quando servimos à vida, à todos e isso naturalmente acontece em relação à pessoa amada. Se a postura é sempre de pedir por causa do egoísmo, a pessoa desconhece suas potencialidades e assim a carência se perpetua num círculo vicioso.

Além de servirem um ao outro, a força do casal também reside em um propósito maior para onde ambos olham. Pode ser a união espiritual da família, pode ser um projeto ou uma ideia que impacta outras pessoas, pode ser obediência e serviço a uma Inteligência Maior ou Deus, pois nossa evolução espiritual traz o sentido da vida. A união por algo maior se torna força numa relação.

Portanto o sucesso de uma relação depende da maturidade pessoal para sair do egoísmo e abrir o coração. Parar de cobrar, manipular e passar a doar-se, servir.

Retribuição

A aplicação do equilíbrio da troca muda para alguns tipos de relação. Para pais e filhos, a prática da lei é diferente de como acontece para casais. Como disse na explicação da ordem de chegada, os descendentes recebem dos seus progenitores algo tão grande que não há nada que se possa dar em retribuição que esteja no mesmo grau de grandeza que a vida. Esse é um bem maior que só podemos equilibrar minimamente através da gratidão e do reconhecimento desse valor.

Pais e professores são doadores. Os pais transmitiram a vida é os professores transmitem o conhecimento. A sabedoria aqui é saber receber com humildade e aceitar estar numa posição inferior como filho ou aluno para absorver toda a força da vida que recebeu dos pais e todo o conteúdo dos ensinamentos que os mestres lhe dão. Se aceitamos sermos menores, pelo menos na hora de tomar, podemos receber mais. Mas se ficamos na crítica e arrogância não conseguimos incorporar nem a força da vida nem os conhecimentos, pois nosso coração tá fechado.

Se conseguimos receber e incorporar, em outro momento podemos nos despedir dessa relação preenchidos e gratos. Podemos nos tornar também pais ou professores plenos de conteúdo para transmitir, pois fomos capazes de receber de peito aberto.

Assim, a retribuição acontece em relação aos filhos: quando passamos adiante a existência que recebemos. Nesse caso, podemos ampliar a visão e ver que, no fundo, é a Vida se autogerando através das pessoas, e nossa retribuição pode ser feita diretamente à origem de tudo. A Vida nos corporificou por meio dos nossos pais, e agora a deixamos se manifestar através de nós, na geração de nossos filhos, ou quando realizamos ações benéficas para outras pessoas.

Quer dizer, para fortalecer nossa relação com a Vida, precisamos retribuir o que Ela nos dá. E o que recebemos dEla? Tudo. A imensurável oportunidade de evoluir nosso espírito através desse sonho de realidade, um pouco mais longo do que os sonhos noturnos.

Na escola da existência, recebemos todos os ensinamentos, as provas e as condições internas para resolver cada questão.

A Vida nos fornece as leis como regras do jogo para quem quer enxergar. E o que você oferece em troca para fortalecer sua relação com Ela? Me parece justo que o equilíbrio dessa troca esteja em dar nosso melhor sempre, e se possível fazer isso com gosto, consciência, pois a Vida não quer sacrifício; isso estaria mais a serviço da morte. Ela quer vida, amor, movimento, crescimento, expansão.

Se damos nosso melhor, passamos a conhecer o que temos de precioso. Nessa escolha, vamos nos lapidando, e com isso vai crescendo o amor-próprio, que nada tem a ver com egoísmo, já que naturalmente fazemos o bem quando acordamos para a sacralidade da existência. Por que faríamos mal se, na relação com a Vida, estabelecemos trocas positivas e já entendemos que somos um e tudo o que emitimos volta como resposta às nossas ações?

Por outro lado, se não há retribuição, nossa ligação com Ela fica frágil, e isso pode explicar o surgimento de patologias ou situações que acabam nos desconectando da Vida, literalmente.

Condição para equilibrar a troca

Exceto na relação com os pais, todos os outros vínculos se fortalecem através do equilíbrio da troca entre as partes. Isso não quer dizer que precisamos contabilizar o que é dado devolvendo o que recebemos imediatamente. Essa troca é dinâmica, e não estática, é como uma pessoa que caminha. Ao sair do equilíbrio de uma perna ela entra no movimento de colocar a outra para sustentar. E assim, sucessivamente, cada perna se alterna na sustentação do corpo. Como as pessoas são bem mais diferentes do que os dois lados de um corpo, a alternância entre o dar e o receber será irregular e natural.

Na relação de casal, muitas vezes um pode oferecer mais por alguma circunstância específica, enquanto o outro está em uma fase de menos produtividade. Porém, essa troca desequilibrada momentaneamente precisa estar na consciência de ambas as partes, e a pessoa que está dando menos precisa se movimentar para alcançar de novo a condição de poder equilibrar.

Podemos pensar sempre em termos de serviço à Vida. Por exemplo, quando a mulher está grávida ou amamentando, ela não precisaria se esforçar para fazer mais nada além disso, pois essa função de gerar e nutrir um filho é o maior serviço que se pode oferecer ao Todo e à família. Portanto, o intercâmbio pode se dar através de contribuições diferentes.

O que observamos é que se todos estão na postura de ofertar o seu melhor sempre, a reciprocidade acontece naturalmente. Fica nítido que são valores similares para dons variados. As aptidões pessoais podem estar ligadas à história pessoal, mas são, principalmente, dons recebidos da Natureza. Dom de gerar filhos, dom da força física, dom da inteligência humana, dom de amar, dom da autoconsciência.

Outros exemplos: uma pessoa tem mais sucesso profissional e financeiro e a outra tem mais tempo para se dedicar ao trabalho na casa ou aos cuidados dos filhos; uma das partes tem mais capacidade de acolher amorosamente, conversar, manifestar carinho, e a outra tem o dom de saber organizar as atividades do dia. Quer dizer, as pessoas têm talentos diversos, e isso cria parcerias de sucesso dentro da reciprocidade de casal ou familiar. É preciso reconhecer o valor das aptidões que o outro traz que difere da nossa, e muito dessa bagagem vem de milhões de anos. Memórias de experiências que se mostraram eficientes na manutenção da vida e nas sucessivas repetições acabaram se tornando características específicas de cada fisiologia. Vamos mergulhar nesse tema no capítulo 12.

Aceitação do diferente

Tenho percebido que um dos maiores prejuízos para as relações afetivas é as pessoas buscarem o que é igual e só se abrirem para o que já conhecem e escolheram para si mesmas. Claro que você precisa conviver com alguém que tem valores éticos e espirituais iguais aos seus, mas, fora esse aspecto que determina a direção de sua jornada de vida, todo o resto pode ser observado, compreendido e aceito como algo novo e, por isso, positivo. Algo que vai te fazer crescer justamente por ser diferente de tudo o que já experimentou.

Por exemplo, na relação homem mulher, pessoas de culturas diferentes, religiões diversas etc. São trocas desafiadoras, pois exige que tenhamos maturidade para nos abrir à escuta, à observação e à apreciação do novo. Isso nos traz muito desenvolvimento e não significa desvalorizar o que somos, mas incorporar outras perspectivas que ampliam a visão e a experiência pessoal. Soltamos um pouco nossos conteúdos habituais e assim abrimos espaço para novidades que agregam. Aliás, a raiz da palavra *desenvolver* é *des envolver*, sair do envolvimento anterior para poder se envolver com o momento presente, se pondo em movimento.

Parece que estamos passando por uma estagnação da inteligência espiritual e o atraso coletivo está nos convocando a retomar nosso crescimento, nos permitindo viver experiências inéditas e abrindo espaço interno para a aceitação do diferente.

Como a evolução se dá pelo equilíbrio da repetição dos padrões positivos e inovação nas áreas onde o comportamento herdado se tornou disfuncional, Bert Hellinger apreciava a ação das *ovelhas negras* no sistema familiar. São elas que chegam para sair da repetição, trazendo inovação para a própria família. Na maioria das vezes, são mudanças dolorosas, principalmente para as pessoas que rompem padrões, pois podem se sentir sós, não pertencentes. Elas precisam ser fortes e determinadas para arcar com a culpa de ir além. Porém, esse movimento é por si e por todos, e o resultado pode ser observado mais adiante na história daquela família.

Eu me identifico com o temperamento da *ovelha negra*, pois já rompi com vários hábitos dentro da minha família e admito que até poucos anos atrás sofri bastante realizando movimentos de inovação com rupturas mais arrojadas. Hoje percebo que, se estou firme na direção do novo, não preciso confrontar ninguém nem o grupo. Posso inovar dentro de uma base construtiva e amorosa.

Sinto que está na hora de transformar esse paradigma, inclusive mudando a conotação pejorativa do nome *ovelha negra*, que tem sido utilizado para indicar algo negativo, pois a criação de ovelhas costumava ser com lã branca para que pudesse ser tingida de todas as cores no comércio de tecidos. Então a lã preta representava limitação para vender. Desse modo, uma ovelha negra se tornava diversa e de menos valia. Bert ressignifica totalmente o termo associando-o à pessoa que é diferente, mas ao contrário de limitar, traz novas possibilidades. Não somos rebanho dentro de uma condução restritiva. Pelo contrário, nosso Pastor ou a Criação nos pede crescimento, coragem para expandir e inovar.

Uma das frases que mais chegam para harmonizar um Campo de Constelação Familiar é: *respeito suas escolhas e as deixo com você. Agora me libero para fazer uma nova escolha.* E o antepassado que ouve, pode responder: *eu te abençoo para fazer uma nova escolha. Se você se libera, me libera também.*

Temos vivido o medo do novo, o medo do diferente. Porém, consigo olhar para o quadro todo e reconhecer que são desequilíbrios cíclicos naturais, pois no Plano Maior tudo está perfeito. Quando a balança passa a pender mais para um lado, o movimento de compensação ressurge, trazendo equilíbrio. É como um pêndulo que subiu demais e, no movimento de retorno, inexoravelmente irá compensar com um ângulo similar para o lado oposto.

O apego excessivo à tradição por falta de maturidade espiritual tem prejudicado bastante as relações pessoais e coletivas. Se em determinado momento da vida eu passo a crer que já sei tudo e fico fixada na minha perspectiva, paro de crescer e só admito aquilo que está dentro das convicções estabelecidas. Essa inércia é a melhor representação da morte em vida. Não a morte como transformação, mas sim como paralisia do movimento vital de expansão da consciência.

Quando nos abrimos para o novo, crescemos. Quando buscamos o que já é conhecido, estagnamos. E, em relação ao movimento de ampliação natural da vida, a estagnação pode se apresentar como retrocesso — ficar para trás.

As diferenças que nos desafiam

O que defendo aqui é que quando aprendemos a receber do outro o que é diferente, a troca se enriquece. Lembrando que existem diferenças que realmente nos desafiam a expandir o coração para aceitar e buscar compreensão.

Um bom exemplo dessa dificuldade está na comunicação entre as posições políticas polarizadas. Bert Hellinger sugere que, se aceitarmos as posições contrárias como partes fundamentais do jogo, nos tornamos completos.

Não falo de concordância, mas simplesmente de entender que toda posição é legítima, pois advém da experiência pessoal de cada ser em seu caminho de evolução.

Vou simplificar para você compreender, mantendo todo o respeito à complexidade do tema. Na política, existem as ideologias de direita e de esquerda, que estão cada vez mais definidas e incomunicáveis entre si. E é justamente essa incapacidade de comunicação que traz rigidez, dificultando o movimento de evolução social. É natural que nos identifiquemos com uma das ideologias políticas, porém, se me coloco no lugar do outro que tem uma visão oposta à minha, posso ampliar meu campo de visão, e isso me torna maior, inclusive para agir com mais inteligência, o que me parece óbvio.

Uma pessoa que só percebe o lado esquerdo ou direito do corpo está pela metade.

Aquela que se amplia internamente para integrar diversas visões se torna inteira, cresce, expande sua capacidade de comunicação e, consequentemente, de ação e influência.

Aplicando esse princípio às relações pessoais, receber outras histórias com interesse e se abrir para diferentes crenças, é a maior riqueza dentro de uma relação. Quer dizer, é preciso abraçar aspectos essenciais em comum e vários outros pontos de vista que sejam diversos, proporcionando expansão para cada uma das partes. O casamento pode ser uma oportunidade linda de incluir em nossa vida experiências diferentes da nossa tornando o matrimônio um caminho de evolução espiritual.

O que mais promove isso são as paixões. Em nome do amor, conseguimos nos desapegar um pouco das convicções pessoais para dar espaço ao ser amado que chega trazendo novidades que antes não aceitávamos. É como se, dominado e guiado pela sentimento passional, você pudesse incorporar outra pessoa sem tanta resistência.

A paixão deixa nosso coração mais maleável e receptivo às diferenças. Nosso ego se rende.

Concluindo: a aceitação do diferente, além de ser o grande agente de crescimento na nossa vida, serve lindamente à troca rica entre duas pessoas, pois se fossem iguais não teriam o que trocar. Portanto, eu entro na relação com novas ferramentas para o outro, e vice-versa. Isso sim é uma relação de crescimento mútuo. E, se cada um cresce, a relação se fortalece.

Precisamos abandonar de vez o desejo de moldar o outro, desfazendo a ilusão de que isso é possível. Mas podemos acordar para o fato de que somos capazes de nos transformar diante do novo, do diferente que acaba de chegar em nossa vida. Podemos beber de uma nova fonte e despertar dons pessoais adormecidos.

> *"Todo coração canta uma canção incompleta até que outro coração sussurre de volta. Aqueles que desejam cantar sempre encontram uma música."* — Platão

MANIFESTANDO SEU PAR

Escreva no espaço ao lado todas as características da pessoa que você quer como parceiro ou parceira.

Agora faça recortes em revistas e monte-os nesta página como se estivesse construindo alguém.

Olhe para sua obra.

Observe os detalhes e se surpreenda com algo novo.

Você busca no outro o que carrega como semente adormecida dentro de você.

Portanto, essa pessoa que procura, te habita.

Permita que essas características se manifestem na sua vida e tragam transformação para sua realidade.

Atraímos pessoas que vibram na mesma frequência que nós.

Portanto o outro vai espelhar sua luz e sua sombra. Se você se torna a pessoa com quem quer conviver, irá atrair semelhantes.

11

A prática da Constelação Familiar

> *"Aqueles que, desde pequenos, procuravam constantemente revolucionar as crenças, saindo dos caminhos marcados pelas tradições familiares, aqueles criticados, julgados e até rejeitados, esses, geralmente são os chamados a libertar o árvore de histórias repetitivas que frustram gerações inteiras."* — Bert Hellinger

Nesta altura, você deve estar pensando: como funciona o passo a passo de uma Constelação? Vamos lá. Vou contar como costumo conduzir o processo. Lembrando que o Campo Psíquico de cada família ou grupo é soberano e tem necessidades diferentes. Mas existe um procedimento que acontece nos meus atendimentos na maioria das vezes.[9]

Uma das fontes desse conhecimento para mim foram os livros do Bert Hellinger lidos com profundidade para compreender as bases estruturais da filosofia aplicada e a sensação que eu tenho é de que estive com ele esses anos todos. Mas há, fundamentalmente, a prática constante há 27 anos me ensinando a desativar as intenções pessoais e permanecer no estado de máxima presença e confiança no Campo. Como eu costumo dizer, *as horas de voo,* ou experiência de campo

---

9 Aqui estamos falando de Campo Psíquico ou movimento do Espírito, princípio que mobiliza as pessoas em busca de solução pela compensação e inovação. Em outros momentos, estaremos falando de Campo Mórfico ou padrões de comportamento repetido.

que naturalmente vai nos levar a ver o mundo e as relações através da Visão Sistêmica.

Depois de tantos anos pensando o mundo dentro desse novo paradigma posso dizer que incorporei essa visão e compreendo a dificuldade de algumas pessoa que estão no pensamento antigo da separação ilusória e busca de controle. Tudo tem seu tempo e na hora certa para cada um, haverá a expansão de consciência necessária para enxergar a realidade. Como costumo dizer, ninguém é melhor do que ninguém por ter acordado antes. Apenas precisa ter cuidado e paciência com quem ainda não acordou.

Estamos vendo que a vida é um grande Campo Sistêmico funcionando como rede de informação o tempo todo. Portanto, quando uma pessoa procura o trabalho da Constelação Familiar, já é o Campo atuando nela. Significa que alguma dinâmica oculta de repetição na família já pode ser vista e liberada por essa pessoa. Através do sintoma de dificuldade, é possível identificar durante a Constelação o ponto em que o amor foi interrompido pelo desrespeito a uma das três Ordens do Amor.

Por isso, é fundamental que a pessoa constelada queira o trabalho e que não seja uma iniciativa decorrente do convencimento de alguém, pois ela verá algo que nunca viu. Essa experiência é bem tranquila e libertadora quando a pessoa está pronta para ver a verdade e soltar a ilusão.

Quem ouviu o chamado para constelar e o atendeu procura o facilitador, que Bert também chamava de *ajudante,* pois esse trabalho transcendeu as dimensões terapêuticas e passou a ser usado em diversas áreas como ajuda para enxergar a estrutura relacional verdadeira por baixo das aparências. Desse modo, outros ambientes como o corporativo, área da saúde, jurídico, pedagógico etc., também passaram a utilizar a Visão Sistêmica e as Ordens do Amor como base de análise dos seus problemas e soluções.

Eu observo que quando alguém toma essa decisão e se compromete com ela, o processo se inicia. A roda da transformação foi posta em movimento, e é possível perceber que o cliente começa a sair do lugar, que muitas vezes estava paralisado por gerações dentro da família.

No momento que marcamos o trabalho, peço para que a pessoa observe seus sonhos, lembranças do passado, sincronicidades ou encontros que trazem alguma história da família, sensações físicas, ou seja, que fique atenta a alguma tentativa de comunicação vinda do inconsciente.

Conversa

A Constelação pode ser feita com bonecos, com objetos ou âncoras, com animais ou com pessoas. Pode acontecer numa sala, na mesa, na água, no teatro ou em espaçõs abertos. Já fiz de todas essas formas e sinto uma maior conexão e riqueza de informação facilitando com representantes pessoas e em salas, teatros e espaços com natureza.

A Constelação pode acontecer com um tema individual ou coletivo. O trabalho sempre vai impactar coletivamente, pois a experiência vai ressoar para a ancestralidade da pessoa constelada e também para cada pessoa que está representando ou assistindo com sua própria ancestralidade. Mas existe um formato em que assumo que o tema é de todos. Escolho ou sorteio um tema universal, e cada um vai projetar inconscientemente sua história no que está sendo vivido no centro. É impressionante como cada pessoa se vê ali, inclusive eu. É um trabalho mais exigente no sentido do facilitador saber não interferir e também por ser mais complexo, simbólico e profundo, já que apresenta todas as histórias entrelaçadas.

Quando o tema é coletivo simplesmente abro o Campo e coloco

elementos iniciais ali representados. O essencial para começar. Naturalmente as pessoas vão sendo tomadas pelas emoções e sensações físicas. Algumas que estão assistindo também se sentem atraídas para representar algo ou alguém e entram no Campo. Eu observo, enxergo o que está acontecendo e facilito o que já está pronto para se mover trazendo liberação. Esse formato tem se apresentado para mim de uma forma inédita. Vou compartilhar sobre os novos movimentos no final desse capítulo.

Quando o tema é individual, converso com o cliente separadamente minutos antes de o trabalho ser aberto. Tenho colegas que expõem o sintoma de dificuldade ao grupo, e tudo bem. Para mim, quanto mais o assunto ficar oculto da mente racional, melhor. Terei mais segurança de que os sintomas físicos e sentimentos dos representantes são genuínos e não estão contaminados pela crença pessoal deles.

Na conversa, costuma acontecer um fenômeno bem interessante: a pessoa tem um tema em mente, mas, na hora de falar, o assunto se transforma, trazendo algo novo, surpreendendo até ela mesma. Quer dizer, como o movimento da Alma começou na decisão de constelar, o processo que acontece até o dia do encontro vai trazendo mais clareza sobre o que realmente precisa ser visto. Por isso prefiro saber sobre o tema na eminência do trabalho, pois é nessa hora que a concentração do Campo está maior.

O portal de comunicação está se abrindo, e todos já estão se conectando com informações novas e essenciais. Nessa linha de raciocínio, tudo o que acontece desde a chegada de cada pessoa e a movimentação do encontro pode ser visto como dado significativo. Me mantenho presente e aberta para ser tocada por algo.

Abertura do Campo

Depois da conversa em particular, costumo me sentar em círculo com todos os presentes e o cliente ao meu lado para *abrir o Campo*. Se você assistir aos vídeos de Bert Hellinger, verá que ele não abre o Campo, e sei que muitas pessoas não o fazem. Mas ele era uma presença forte, como se vivesse imerso no *estado de constelação*, quer dizer, estado de conexão, presença. Sua história e postura invocavam reverência ao processo. Como ainda estou construindo esse legado e a maioria de nós vive completamente desconectada, sinto que a abertura do Campo tem a função de alinhar nossos corações e pensamentos para ativar a receptividade às informações dessa dimensão sutil.

É o momento em que manifesto palavras que evocam a seriedade e a sacralidade do trabalho como espaço seguro para sentir e expressar as próprias verdades protegido pelo respeito e o não julgamento.

Com todos de olhos fechados, conduzo para se conectarem com o próprio corpo, o canal das informações do trabalho. Nesse momento, a condução varia. Gosto de sentir o grupo para ver qual será o melhor caminho de ativação dessa sensibilidade física e emocional. Basicamente convido a se abrirem às outras inteligências além da racional: a do corpo, a emocional e a intuitiva.

Também os convido a soltarem as expectativas e a necessidade de controle e a encontrarem conforto no *não controle*. Assim, naturalmente elevamos a frequência para entrar em sintonia com o movimento do Espírito — ou, em outras palavras, entrar na frequência criativa de Deus.

Essa é uma grande oportunidade de estar a serviço dos irmãos e, consequentemente, de nós mesmos. Um confortável sentido para a existência toma conta do nosso ser, e talvez esse seja um dos motivos de a pessoa se apaixonar pela função sagrada da facilitação, assim como da representação.

Nessa abertura de Campo, em palavras e intenção, reverencio a ancestralidade de cada pessoa presente agradecendo por todos e todas terem vindo. Reverencio também Bert Hellinger, Alexandra Caymmi (falarei sobre ela mais adiante) e minha própria ancestralidade. Então, peço licença para entrarmos no sistema da pessoa. Esse é um momento fundamental, porque verbalizo: *pedimos licença para entrar com respeito, com amor e sem julgamentos.*

Com essas palavras, estou estabelecendo que será um Campo de Amor incondicional, invocando essa força dentro de cada um como aspecto mais elevado dos valores humanos. Recolhemos as pedras julgadoras dos erros alheios para ativar o coração, que age no mais alto grau de entrega e confiança no Plano Maior, em que somos todos filhos e iguais perante a Criação que atua através de cada um de nós.

Antes do trabalho, é comum as pessoas me contarem em segredo que têm medo de se expor, mas esse momento da aliança com o respeito é tão verdadeiro que todas relaxam e abrem o coração. Percebem que realmente está sendo desativado o autojulgamento, responsável pelo medo que sentiam. Com isso, passam a não se importar mais se o tema ou algum fato de sua história for revelado através dos representantes que sentem e trazem detalhes que às vezes a própria pessoa desconhece.

Como você pode perceber, a abertura do Campo é um ato de alinhamento e pedido de licença compartilhado com todos. É o momento em que começo a sentir o sistema familiar específico da pessoa sem a interferência de outros, pois o foco passa a ser no cliente.

Escolha dos representantes

Nesse momento, começamos o trabalho de colocar os representantes essenciais no centro. No início, costumo pedir para o cliente escolher as pessoas que vão representar ele, seus parentes ou o sintoma; mas, se no meio da Constelação eu precisar de mais representantes, eu mesma escolho. Normalmente coloco o essencial, o mínimo necessário; se o Campo revelar que é preciso outro elemento do sistema, coloco. Isso não é uma fórmula fixa. Tudo pode mudar de acordo com cada experiência. Estou trazendo uma ideia do *plano de voo*.

O primeiro momento representa o Campo Mórfico, ou seja, a repetição estabelecida. A partir da colocação inicial, o Campo Psíquico ou Alma vai trazer o movimento que conduz à solução dentro das Ordens do Amor para então o movimento do Espírito poder atuar, trazendo mais liberação.

Eu devo apenas observar a movimentação, perguntar o que estão sentindo e sugerir algumas palavras que chegam intuitivamente. Essas palavras têm a função de libertar, mudando o estado emocional, ou confirmar o que a pessoa está sentindo para que ela tome consciência da própria prisão e busque o movimento de mudança. Portanto, não há nenhum movimento que não seja espontâneo de cada representante. Inclusive pergunto após cada fala como as palavras ressoaram quando foram ditas, deixando que o Campo conduza o trabalho através de mim.

Para *ler* o Campo precisamos observar os movimentos de aproximação, afastamento, direção do olhar, sensações e sentimentos que emergem. Para além dos representantes também vou observar fenômenos externos. Eventos que causam novas emoções e revelam significados dentro da dinâmica: alguém que chega provocando sensação de invasão; um cão que começa a latir interferindo no sistema nervoso e estimulando a visceralidade ou a irritação; um cenário belo que na hora da liberação atrai o representante, significando sua prontidão para novas experiências, um quadro tocante ou canto de pássaro trazendo emoção etc. Ou seja, o ambiente e seus elementos também fazem parte.

Se o tema é muito delicado, como abuso sexual, posso trabalhar usando o termo *invasão*. Desse modo, não fica claro o que é, mas as informações emocionais e sensações físicas aparecem. Quando existe suicídio posso nomear como *falta de vontade de viver, falta de sentido na vida* ou a expressão que o Campo trouxer no momento.

Outra opção é fazer a Constelação oculta, que é quando os representantes não sabem o que representam. Assim, a história fica ainda mais protegida. Um ou outro representante pode sentir que se trata de abuso ou suicídio, mas por ser uma Constelação oculta para tema sensível, já sabem que não precisam verbalizar. Nesses casos, trago falas mais genéricas para o representante do abusador, como: *eu sinto muito se te machuquei; toda vez que te machuquei me machuquei também; agora eu vejo a sua dor e vejo a minha dor; assumo a responsabilidade pelo que fiz e arco com as consequências; eu sinto muito.*

No caso de suicídio, o representante da pessoa que está na vida pode dizer ao representante de quem se suicidou: *Eu vejo você. Respeito suas escolhas e as deixo com você. Eu vejo a sua dor e dou um lugar para ela. Agora deixo de olhar para a morte e olho para a vida! Honrarei sua história vivendo minha vida plenamente. Te levando em meu coração.*

Nos dois casos, o propósito é trazer o caminho de libertação dos movimentos inconscientes do cliente.

O processo nos revela que geralmente agimos na repetição de padrões de comportamento, porque foi o que, no passado, trouxe sensação de pertencimento. Mas, como na repetição não saímos do lugar, chega o momento em que somos convidados a mudar o que não é mais funcional. Assim, nos colocamos no movimento das Ordens do Amor e do Espírito que está a serviço da evolução espiritual.

Tomar a rédea da própria vida significa exatamente transcender os próprios medos e dar um passo novo, se libertando do automatismo das gerações anteriores. Para isso, é preciso adquirir consciência sobre as dinâmicas ocultas, *voar* acima dos interesses do ego e ser capaz de observar para além das histórias conhecidas com muito respeito ao passado.

O movimento de inovação precisa ser feito com a aceitação de tudo o que foi e de como aconteceu, pois fazer diferente traz um sentimento de culpa. Mas, se entendemos que as críticas ao passado são projeções de nossos mecanismos internos, pois os eventos marcantes estruturaram nossa psique de forma inconsciente, podemos incluir com amor e isso nos fortalece. Passamos a não nos sentirmos *traidores* por fazer diferente, mas sim portadores de um bastão da família que carregamos com firmeza no processo de inovação. Podemos nos alinhar com uma Força Superior que nos tira dos dramas familiares mais desafiadores e com isso abrimos novos caminhos de liberação do passado.

Para trazer essa consciência, peço que os representantes repitam as frases que chegam intuitivamente e precisam ser ditas com verdade. Então, passam a ver com clareza, se liberando do peso das críticas, mágoas e julgamentos que no fundo fazem a si mesmos, já que em essência são a continuação dos seus ancestrais.

Trago abaixo exemplos de mais algumas frases que não são fixas, mas que devem brotar do coração do facilitador, alinhadas com a necessidade de cada Campo e o movimento do Espírito. Desse modo, fica claro que quanto mais o profissional conhece com profundidade as Ordens do Amor para saber aplicar na vida real, mais ele vai intuir a frase que terá impacto naquele sistema específico para que se abra à nova ordem. Vamos imaginar um filho se liberando do passado difícil com o pai ou com a mãe:

Durante toda a minha vida, eu segui seus passos por amor a você. Agora, posso ver sua dor e suas escolhas com respeito. Agora, posso ver que você é humano e eu também sou. Agora, vejo que a melhor maneira de te honrar é dando um novo passo. Peço que você me abençoe com amor para que eu possa fazer diferente. Sou pequeno diante de você e grande perante minha vida! Estamos a serviço de algo maior. Estamos a serviço da evolução. Eu recebo a vida com gratidão e faço algo de bom com ela. Dou a minha contribuição, vivendo uma nova história. Se eu me libero, libero todo o sistema.

Muitas vidas em uma só

Nessas quase três décadas de contato com o processo, muitas amarras pessoais e emaranhamentos familiares foram desfeitos em mim, pois nunca estamos num grupo de trabalho por acaso nem somos escolhidos para representar alguém sem estarmos em sintonia mínima com aquela frequência. Portanto, mesmo que a Constelação Familiar não seja sobre um tema meu, estou trabalhando um aspecto pessoal ao representar, ao assistir e até mesmo ao facilitar.

Esse é um dos aspectos do fenômeno: cada pessoa vai enxergar seus próprios conteúdos projetados na cena.

Por isso tenho a sensação de ter tido o privilégio de viver muitas vidas numa só. Se a profissão de atriz já me proporciona a oportunidade de assumir física e mentalmente outras mulheres, a Constelação Familiar me conduz para a mesma experiência de maneira mais profunda.

Afinal, nesse processo terapêutico, representamos pessoas reais com vivências que nos são transmitidas através de emoções e sensações físicas.

Vivi situações incríveis, como ser um homem dentro de uma relação de amor incondicional e ex-combatente morto na guerra com algumas sensações físicas do momento da morte. Fui de mãe bipolar à mãe superprotetora, e até sádica. Com isso, minha mãe interna ia sendo lapidada para um dia maternar meu filho Guilherme com mais consciência da importância desse papel na vida dele. Sou profundamente grata a tudo o que vivi e vivo até hoje dentro das Constelações Familiares, e agora como facilitadora minha visão se ampliou para sentir cada representante e o sistema como um todo.

O curioso é que esse processo fenomenológico, inteiramente novo para a maioria, nunca me assustou ou causou estranhamento. Parece que eu já experimentava essa comunicação profunda com o momento e com as pessoas através da atuação como atriz, e posso afirmar que meus trabalhos têm se tornado mais significativos simplesmente por eu hoje ter mais consciência dessa conexão ampla, inclusive usando o método fenomenológico na preparação das personagens. Vamos aprofundar sobre isso mais adiante.

Existe uma pergunta que sempre me fazem: como a facilitação acontece internamente? É parecido com a representação? Vamos lá. Eu vivo a representação nas Constelações desde 1996, quer dizer, tenho muito tempo de experiência nessa função e sempre acessei muito rápido as informações do Campo, além de ser comum para mim senti-las com intensidade.

Porém, quando estou facilitando, o processo é um pouco diferente. Para começar, enquanto na representação observo desde o início qual é a sensação que está chegando por dentro, na facilitação o que busco é ampliar meu espaço interior, esvaziando expectativas e opiniões, colocando foco no silêncio e na observação do Campo. Me abro para uma sabedoria além do bem e do mal da moral estabelecida, pois sei que o inconsciente obedece às suas próprias leis. Permaneço em um estado de estabilidade emocional pelo não julgamento, que me capacita a incluir todos e lidar com qualquer situação, por mais desafiadora que pareça.

O modo de facilitação que eu uso utiliza música como uma das ferramentas de ordenação do Campo, mas sinto a necessidade de silenciar até saber o próximo passo. Quando canto ou coloco música, esse movimento já faz parte de uma orientação do Campo. Isso mesmo. É passo a passo, como se estivesse andando no escuro, e preciso concluir cada movimento para poder enxergar o próximo.

É como se eu estivesse entrando em um quarto sombrio. No primeiro momento é breu total, não vejo nada. Mas, com o passar de um tempo geralmente lento, começo a enxergar. Porém nunca vejo o quarto todo até concluir a Constelação. A luz do movimento é como uma lamparina que ilumina só o próximo passo. Essa luz vai aumentando e, no final, já vejo com clareza toda a dinâmica. Mas o início é quase às cegas, e já me habituei a sentir total confiança na Força que me guia. O movimento do Espírito assume o processo em direção à vida do cliente que, a partir daquele momento, atuará com mais consciência.

Costumo concluir a Constelação no momento em que a liberação do bloqueio já se apresentou e a reconciliação se estabelece na força de sentimentos verdadeiros. É possível sentir a vibração do Campo aumentar e iluminar os corações e mentes com a real possibilidade de novos passos. Na maioria das vezes acontecem abraços que curam. Vejo como as cenas mais lindas da Constelação, pois enxergamos o amor voltando a fluir. Então, depois desse momento que deve acontecer sem pressa, peço para que todos saiam do papel, pergunto se o cliente está bem, se quer falar ou perguntar algo e, em seguida, fecho o Campo.

É um movimento que muitos não fazem, mas sinto que quando convido a todos para entregarem o campo do cliente acontece o fenômeno da liberação dos sintomas, sensações físicas e emocionais. Às vezes alguém diz ao se sentar que ainda está sentindo algo, mas na hora que fecho o Campo a sensação passa. Percebo como um comando consciente para que a mente solte a identificação com a história do outro. Funciona.

O Campo ensina

Como estamos falando de uma ciência viva, um processo em expansão, quero compartilhar algumas experiências que me foram trazidas pelo próprio Campo. Eu nunca havia visto, mas os movimentos têm se apresentado com muita firmeza e eu tenho obedecido.

Nas Constelações com tema coletivo, em alguns encontros, comecei a fazer diferente do que me foi ensinado. Em vez de definir os elementos do tema escolhido e colocar representantes para cada um deles, eu comecei a simplesmente abrir o Campo e a deixar que as pessoas presentes observem se estão tendo sensações e sentimentos que parecem ser do trabalho. Lembrando que eu já tenho um olhar aguçado para perceber se a pessoa está entregue ao movimento genuíno do Campo ou se está se movendo conforme sua vontade. É muito raro a pessoa estar fora da verdade do processo.

Então quem sente o impulso interno para entrar e representar, se coloca onde sente. O que acontece é muito impressionante, pois começa a haver movimentos tão objetivos que na maioria das vezes, eu identifico logo o que cada pessoa está representando.

As dinâmicas relacionais se estabelecem espontaneamente e revelam quem está se sentindo excluído, ou superior, ou em dívida. Fica nítido quando existe a presença da criança ferida, do complexo de superioridade etc. Os sentimentos ganham evidência maior do que as histórias familiares específicas e com isso, todos os presentes se identificam com as estruturas que vem à tona. Esse tipo de trabalho me exige ainda mais presença e esvaziamento para perceber as relações que vão se formando sem eu ter determinado nada, mas é muito gratificante e profundo para todos.

Outra experiência que comecei a fazer por causa de um encontro que tinha poucos representantes foi colocar a cliente representando outra pessoa dentro da sua própria família. É possível colocar um objeto, uma cadeira, ou tirar um representante de outro papel para atender a demanda, mas nesse dia, me veio o comando interno de colocar a própria cliente para representar o avô. Aquela experiência trouxe tanta luz para sua compreensão sobre o que aconteceu na geração dos avós que eu passei a fazer isso em outras Constelações.

Me lembro do cliente que coloquei para representar seu sócio que o havia traído, e ele pôde sentir também as dores do ex-amigo e compreender melhor toda a dinâmica. E assim tantas outras experiências onde o cliente pode experimentar as emoções daqueles que, para ele, é difícil aceitar. É sempre de uma riqueza imensa para o cliente. Às vezes coloco o cliente na pele de um parente e, depois de um tempo, sinto de pedir para ele sair e continuar vendo de fora. Sempre vai depender de cada caso.

Com isso defendo a legitimidade de novos movimentos quando estão ancorados na verdade de cada processo, com enorme cuidado para não ser uma experiência do ego querendo manipular algo tão sério e sagrado. Uma boa ferramenta para avaliar a veracidade dessa escolha é estar sempre perguntando aos representantes como eles se sentem.

Informações incomuns do Campo

Agora trago uma experiência que foi uma resposta para uma curiosidade que eu carregava. Ao longo desses anos, me impressionei ao ver algumas facilitadoras receberem do Campo informações incomuns e acertarem em cheio no segredo do cliente ou da família, por exemplo, perceber que a pessoa tinha tendência suicida. Me intrigava como essa informação chegava, pois constantemente recebo do Campo informações certeiras, mas não são segredos, apenas não foram ditas. Falo de informações secretas como um sintoma patológico que está sendo ocultado, um roubo ou assassinato entre irmãos, perda de filho etc. Essas revelações me surpreendiam até acontecer comigo.

Um dia chegou para mim uma cliente que precisava trabalhar a dificuldade de expandir na vida, como se alguma coisa estivesse bloqueando os caminhos, impedindo que ela crescesse, por mais que ela se dedicasse. Na conversa preliminar, só eu e ela, falamos dos seus pais, e ela tinha alguma dificuldade na relação com a mãe. Eu decidi começar por essa relação tão fundamental na autopermissão para crescer. Colocamos os representantes para ela, o pai e a mãe para sentir o que o Campo pedia como dado específico daquela dinâmica. Como disse, costumo começar com o essencial e deixar o Campo trazer a informação de quem mais precisa entrar.

A movimentação seguia seus passos quando de repente me veio a ideia de perguntar sobre a gravidez da mãe quando a gestava. Na hora que perguntei, ela lembrou que a mãe teve um evento aos cinco meses e achou que a tinha perdido, mas foi apenas um sangramento e ela se salvou. Contou apenas isso, não entrou em detalhes. Então segui a constelação, intuindo falas que a reconciliavam com a mãe para trazer paz sobre esse evento durante a gravidez e vendo a necessidade de liberação das dores e medos que isso lhe causou.

As falas promoviam um certo alívio, mas a representante dela ainda sentia um vazio enorme, uma falta que não cessava. Foi nesse ponto que me veio um pensamento: *ela tinha um irmão gêmeo que não sobreviveu e que foi colocado para fora pelo corpo da mãe.* O pensamento parecia meu, mas era uma informação. Resolvi testar e colocar uma representante para o suposto irmão não nascido sem dizê-la o que representava. Queria ver como sua entrada impactava os outros.

Então todo o movimento que faltava começou a acontecer em sequência. O irmão que acabara de ser colocado se sentia perdido no espaço, vagando sem lugar, mas a representante da cliente se acalmou imediatamente com a presença dele. A sensação da representante era que esperava por esse encontro desde sempre. Então, através das falas de cada pessoa envolvida, o irmão, expulso naturalmente pelo corpo foi sendo incluído, e esse movimento foi trazendo sentido de pertencimento para ele. Houve muito acolhimento, abraços e emoção.

Ao finalizar a Constelação, nos sentamos, e eu perguntei à cliente se ela precisava dizer algo. Então ela compartilhou conosco que foi se lembrando que sua mãe realmente havia colocado um *corpo estranho* para fora, e seus irmãos mais velhos contavam que o haviam jogado no mato. Era exatamente o que os representantes sentiam e falavam: *o irmão estava perdido no meio das folhas no chão.*

Que história forte para a alma coletiva dessa família! E uma das coisas que mais me impressionaram foi a maneira como a informação chegou. Sem estrondo, sem se impor como certeza, parecia um pensamento sutil, um sussurro. Essa experiência mudou minha consciência sobre a forma mais preciosa de receber informação do Campo.

Lembro de Cida Rabelo explicando lá no início que as informações chegam do mesmo modo que chegam para os representantes. É isso mesmo. A diferença é que para os representantes vem no corpo e para o facilitador vem como intuição, pensamento. Por isso a importância de se esvaziar dos próprios conteúdos. Aliás, vale dizer que nos primeiros anos da minha experiência como facilitadora, sentia sempre a presença dessa amiga e psicóloga que me influenciou profundamente na postura centrada e altamente sensível de facilitar a Constelação. A força que ela transmitia (e ainda transmite) deixava clara a presença de Bert como influência poderosa daquele momento.

Durante os anos que frequentei seu consultório para representar, havia um quadro com esta fala de Albert Einstein: "[...] Imaginação é mais importante do que conhecimento [...]". Colocarei a frase completa na conclusão desse capítulo. A seguir trago uma orientação de Cida, que me abriu as portas para esse conhecimento profundamente transformador e impactou positivamente minha existência por ter trazido liberação a vários emaranhamentos do meu sistema familiar.

Dentre os 17 encontros que teve com o mestre Bert Hellinger, Cida foi constelada por ele 7 vezes. Ela tem um lugar muito especial como fonte de inspiração, por ser psicóloga e nunca ter aceitado ficar presa nessa caixinha. Como ela mesmo diz, aprendeu muito com a psicologia e foi além para desbravar com mais profundidade o universo da psique humana.

A prova disso é que ela já era aluna de Bert Hellinger muitos anos antes dele vir ao Brasil ministrar o primeiro curso. A seguir, Cida nos presenteia com algumas pérolas:

"Na faculdade de psicologia eu aprendi todos os fundamentos importantíssimos, mas muito do que tem ali, e precisa ser dessa forma, é um conhecimento formatado que às vezes tem algo de morto, pronto, acabado, um copiar e colar. Pouco a pensar, pouco a sentir, e eu necessito pensar e sentir. Nessa época, além de Freud, mergulhei em Jung, que fala do inconsciente, das sincronicidades, fala de Deus como existência certa para ele, traz os arquétipos, simbolismo dos sonhos, acrescentando algo que vai além da visão comum. Eu carregava algumas questões: De onde vim? Para onde vou? Quem eu sou? A busca me aproximou de Jung e me levou a outras linhas como física quântica e Campo Morfogenético, que foi onde ouvi falar sobre Bert Hellinger e fui atrás. Sempre precisei de um conhecimento vivo. Pessoas pensantes que estão trazendo algo de novo, e Hellinger foi uma delas. Hoje eu estou em novo conhecimento e assim que colocar em prática me abrirei para outro. Porque assim é a vida. Enquanto estamos vivos, estamos no processo de aprendizado e experiência.

O desafio de uma pessoa estudiosa que se coloca para constelar é se esvaziar de todo conteúdo adquirido e suportar não saber. Você precisa esperar a informação chegar, e essa informação não pertence à lógica racional da mente consciente. Para mim foi difícil entender que minha boa intenção não ajudaria em nada, pois isso envolve opiniões pessoais, e que aqui precisaria enxergar a verdade de cada história. O movimento da Alma é lento, e, se você coloca algo de seu, ela se retira. Vira um psicodrama, que é outro trabalho. Então você precisa confiar nessa inteligência que te preenche com a informação, e você age a partir dela."

> *"Eu acredito na intuição e na inspiração. A imaginação é mais importante que o conhecimento. O conhecimento é limitado, enquanto a imaginação abraça o mundo inteiro, estimulando o progresso, dando à luz a evolução. Ela é, rigorosamente falando, um fator real na pesquisa científica."* — Albert Einstein

CARTA PARA O PAI

Escreva primeiramente tudo o que não aceita no seu pai.

Observe o efeito de escrever a carta. Quais sensações no corpo e quais sentimentos vêm à tona?

Reflita como as características humanas e imperfeitas de seu pai te trouxeram aspectos de força e ferramentas para lidar com a vida.

Agora, escreva uma carta de agradecimento.

Observe o efeito que vem da aceitação.

12
O princípio da criação

> *"Existem duas formas de viver a vida. Uma é acreditar que não existe milagre. A outra é acreditar que todas as coisas são um milagre."* — Albert Einstein

O Amor Sistêmico abarca tudo sem exclusão, e o segredo do êxito em permitir internamente a existência da diversidade reside na compreensão do lugar próprio de cada manifestação. A incompreensão sobre a origem e os papéis dentro do processo de desenvolvimento do Ser pode trazer angústia pela sensação de estar perdido, distante de si mesmo, sem enxergar o fundamento das coisas. Quando estamos centrados em nossa essência, paramos de nos influenciar tanto pelo barulho do mundo e passamos a escutar o nosso próprio coração, nossa alma.

Essa cosmovisão que nos parece nova revela a correlação entre tudo o que existe. Conecta o passado e o futuro no momento presente e reconcilia polaridades.

Na história da humanidade, podemos olhar para a totalidade do que foi vivido, concordar sem condenações e fazer novas escolhas. Assim como podemos nos inspirar com o que sonhamos viver. Desse modo, passado e futuro são narrativas que nos constituem no momento presente. Em seu ambiente imaginativo, não oferecem real possibilidade de ação, mas podem trazer informação e inspiração, nos levando a agir da melhor maneira.

Portanto, vamos mergulhar em alguns aspectos da história coletiva para entender a ideia de polaridade focando no princípio do gênero, contido no compêndio O *Caibalion*. Ainda não estamos falando de mulher e homem, mas sim de aspectos energéticos ou psíquicos que habitam todo o Universo.

Energias feminina e masculina

Tudo o que existe nasce da interação de duas forças: feminino e masculino. Observem que chamei as duas energias de *forças*, porque aqui não existe forte e fraco. Existem potências específicas de naturezas diferentes.

Carl Gustav Jung estudou a essência dessas energias através do conceito de totalidade do Tao, filosofia oriental que nos traz chaves importantes de compreensão da vida. A totalidade é composta de duas forças opostas e complementares, Yin e Yang, que correspondem ao feminino e ao masculino.

Yin, ou feminino, representa o mundo interno. Yang, ou masculino, o mundo externo. Ambos tem seu significado e força. Um não existe sem o outro. São dois lados da mesma moeda. Complementam-se.

E já que o nosso sistema de crenças foi forjado com imagens, por ser a linguagem simbólica do inconsciente, vou trazer a figura abaixo para auxiliar na compreensão. Ela representa o símbolo do Tao, ou totalidade.

Vamos estabelecer que a parte preta corresponde à noite introspectiva (aspecto feminino) e a parte branca é o dia voltado para o exterior (aspecto masculino). Nossa vida precisa da alternância desses dois momentos. São estruturas que se apoiam, trazendo equilíbrio.

Podemos observar que na forma preta está contido o branco e vice-versa. Portanto, a noite carrega uma parcela do dia, e o dia, uma parcela da noite. Existe uma pequena movimentação à noite e momentos de introspecção no dia, exatamente porque lidamos com a totalidade representada pela dualidade das partes complementares.

É como se o Todo precisasse se subdividir para se experimentar na diversidade. Quando é Um, não há contraste e, portanto, não há consciência do que é. O escuro e o claro precisam um do outro para existir. Assim como a dor e o prazer, o quente e o frio, a alegria e a tristeza etc. Cada polaridade tem seu lugar na complementaridade. O que não é diverso é pobre de experiência e consciência.

Esse princípio da criação se aplica a tudo na dimensão sutil e material. Ou seja, é preciso unir as polaridades Yin e Yang para manifestar qualquer coisa: a receptividade e a expansão, o solo e a semente, o pensamento e a ação.

Para criar um projeto social ou uma casa, precisamos primeiro ter a ideia, gestar, nutrir, desenvolver. Isso corresponde à força Yin, que tem uma qualidade de ação voltada para o mundo interno. Depois, vamos direcionar nossa energia para a materialização do que imaginamos. Nessa hora, vamos exercer a polaridade Yang, que corresponde ao universo externo das interações com o mundo.

Portanto, assim como na figura, as duas forças estão em constante movimento e se relacionam como em uma dança perfeita de criação e manifestação.

Constelação Familiar e a origem da vida

Para a geração da vida sobre a Terra, vamos precisar do órgão sexual feminino (força Yin, receptiva) e do órgão sexual masculino (força Yang, expansiva). Na maioria das espécies, a função biológica da fêmea e do macho estará em indivíduos separados, com exceção daqueles que encerram os dois órgãos no mesmo ser. De qualquer forma, os elementos correspondentes à semente, célula a ser fecundada e gestação estarão lá do mesmo jeito, sejam em dois corpos ou em apenas um.

Por isso, tenho dito que a ciência da Constelação Familiar se irmana com a ciência da Biologia. Nessa abordagem terapêutica, olhamos primeiro para os pais biológicos, pois a vida veio através de cada um deles em união, e, com ela, recebemos também a memória dessas duas ancestralidades que nos acompanhará para o resto de nossas vidas. Não tem como fugir disso, e, como já expliquei anteriormente, tentar evitar só fortalece a influência do inconsciente sobre nossa vida atual.

Portanto, para a criação de um novo ser humano, ainda é necessário um homem (ou espermatozoide) e uma mulher (ou óvulo) — e o útero que irá gestar o bebê. Independentemente de como esse encontro aconteceu ou como a relação irá se suceder a partir dali, existe um instante Sagrado em que a força da Vida se manifesta através dos dois, operando o milagre da concepção. Não somos nós que fazemos isso conscientemente, do mesmo modo que não impulsionamos as batidas do nosso coração. Existe uma Inteligência por trás.

Atenção! Nessa relação homem mulher, existe a dimensão biológica e a dimensão social. São coisas diferentes. Para *trazer uma* vida ao mundo, basta ter a concepção e a gestação por meses no útero da mãe. É esse processo iniciado e concluído que torna um homem pai e uma mulher mãe no sentido da transmissão da vida com toda a memória ancestral que formará corpo físico e emocional do novo ser. Isso já me parece um papel de impacto gigantesco na vida do filho, mas algumas pessoas costumam confundir esse fato determinante com ideias de como esse pai e essa mãe deveriam ser. Se só os perfeitos pudessem ser pais, nossa espécie não existiria.

A personalidade dos progenitores tem a ver com a visão sociocultural e com suas potências e dificuldades. Como já foi dito, eles são humanos e imperfeitos. Não são deuses. Deus é a força que age através deles. É bem diferente. A Constelação Familiar vai colocar cada coisa em seu lugar e trazer paz por meio dessa ordenação alinhada com a Verdade.

A dimensão mental

Entrando na dimensão mental, além das características físicas, vamos desenvolver aspectos psíquicos do feminino e do masculino. Esse estudo foi desenvolvido por Jung e pode ajudar bastante nossa compreensão. Se nos alinharmos com o conceito de totalidade, fica claro que temos os dois aspectos em potencial. Somos feminino e masculino se complementando internamente. Porém, na formação da vida, para manifestar física e psiquicamente a polaridade feminina na mulher, ou a masculina no homem, precisamos reprimir a outra parte. Ou seja, no bebê que vai se desenvolver como mulher de acordo com seu par de cromossomos, a psique masculina estará naturalmente reprimida para que ela desenvolva os aspectos femininos. Com o homem ocorrerá o mesmo, pois sua natureza, ligada à masculinidade, precisará expandir para além de sua porção feminina.

Ao longo da vida, esses aspectos opostos e complementares serão desenvolvidos de várias formas, e os indivíduos vão se diversificar conforme as várias influências. Mas o início da vida corresponde a essa estrutura básica que precisa ter força como a fundação de uma casa. Estamos falando de um processo extremamente complexo que inicialmente vai se desenvolver também com a influência dos sentimentos e emoções da mãe, transmitidos pela química corporal. A interação do feto com a progenitora já começa a construir seus aspectos físicos e inconscientes como dimensões interligadas.

Ao desenvolver o aspecto mental correspondente ao sexo biológico, o indivíduo começa a acessar os elementos opostos que estão no seu inconsciente, compreendendo cada vez mais sua totalidade. A criança, menina ou menino, vai experimentar atividades que desenvolvam ambas as energias Yin e Yang, e essa maneira livre de se expressar vai possibilitar o reconhecimento de sua própria essência.

O fato de a mulher desenvolver primeiro o aspecto feminino e o homem, o masculino é uma questão de estrutura em um processo mais ordenado e, por isso, menos caótico. O que vemos no estudo profundo de Jung é que a mente masculina tem sua parte feminina no seu inconsciente, e a mente feminina da mesma forma, tem o aspecto masculino fora do contato consciente. Jung chamou esses aspectos inconscientes de *Anima*, a mente inconsciente feminina no homem, e *Animus*, a mente inconsciente masculina na mulher.

Luz e sombra

Como é proposto na busca de individuação, a ideia é que o autoconhecimento nos leve a desenvolver a clareza com a mente consciente manifestada, para depois explorar as forças inconscientes que nos habitam. Vamos ilustrar essa ideia com a seguinte imagem: você está diante da casa da sua mente, você entra pela porta da frente ou pelos fundos? Se você adentra pelo hall, vai conhecer a casa de forma mais ordenada e estruturante; se você começa pelo fundo, talvez se perca no caminho ou encontre as coisas meio fora do lugar, já que é a parte menos acessada da sua mente.

Os aspectos feminino e masculino, ou Yin e Yang, como tudo o que existe, têm seu lado luz e seu lado sombra. A luz representa tudo aquilo que conhecemos e controlamos, enquanto a sombra corresponde ao que desconhecemos e, por isso, nos controla. É o fundo da casa que precisa ser explorado com cuidado e integrado ao funcionamento geral.

Vimos que a maior parte de nós é regida pela sombra, como ilustrada na representação do inconsciente por um iceberg. Quando escolhemos conscientemente, agimos de forma lúcida, construtiva. Quando estamos dominados pela sombra, não sabemos o que pode emergir. Nossos atos podem ser prejudiciais e, consequentemente, autodestrutivos.

Exemplificando para que você possa se observar. Ainda não estamos falando de homem e mulher, mas apenas das energias masculina e feminina:

> **Masculino**
>
> Aspecto luz = proteção e provimento.
>
> Aspecto sombra = invasão, violência e ganância.
>
> **Feminino**
>
> Aspecto luz = receptividade, rendição, acolhimento, gerenciamento das emoções pessoais e de todos à sua volta, assim como dos recursos adquiridos. Ou seja, administração ampla da Vida.
>
> Aspecto sombra = submissão, vitimismo e manipulação.

Seja homem ou mulher, observe essas energias em você.

Quando vemos a destrutividade como falta de consciência, naturalmente dissociamos essa atitude do masculino ou do feminino. A pessoa destrutiva o faz porque ainda é ignorante de si. A prova disso é que, seja homem ou mulher, ela massacra o próprio feminino interno, que corresponde à sensibilidade, delicadeza, acolhimento etc. Lembrando que o indivíduo faz com o outro o que faz consigo mesmo.

A crueldade humana está na alma, e não podemos associá-la a um gênero. Os homens ficam mais expostos ao lugar de vilão, porque sua força é física, portanto, mais visível na ação predatória. A mulher, quando é inconsciente de si, usa a manipulação, e esse ato está mais disfarçado. Portanto, a corrupção da humanidade é a sombra que habita cada um de nós de maneira visível ou obscura.

Muitas vezes somos cruéis e nos mantemos cegos à nossa própria ação. Existem acordos tácitos sobre hábitos comuns que me parecem extremamente desumanos, mas a maioria finge que não sabe. Por exemplo, o consumo de animais como alimento. Poderia ser um processo honroso como foi no passado, onde as pessoas reverenciavam sua caça e todos se nutriam com uma postura interna de gratidão e consciência de que uma vida foi suprimida para que a sua seguisse. Mas hoje em dia, a forma como são criados e abatidos se assemelha a um campo nazista. Os bichos vivem aglomerados, percebem o sofrimento dos irmãos que estão sendo abatidos, assim como sofrem quando separados de suas mães para a extração de leite materno. São criados em espaços pequenos e recebem drogas que os fazem engordar. É muito cruel. Também a maneira como sufocamos o solo vivo com cimento e destruímos as florestas para construir estruturas sem vida é brutal e suicida. Já temos tecnologia biológica e conhecimento suficiente para projetar habitações e cidades muito mais integradas com a Natureza.

Ao sustentar esse tipo de indústria que são das mais ricas do mundo, fingimos que nada está acontecendo e desviamos o olhar como fazemos com pessoas em situação de rua. Portanto, deixo aqui a reflexão para que a crueldade não esteja associada a gênero, religião, profissão ou classe social. A maldade é uma sombra do ser humano e quem a manifesta vai usar suas armas inatas. Se for homem, usa a força física. Se for mulher, usa a força manipulativa. Porém, precisa ficar claro que essa é uma deformação do Ser.

Só nos tornaremos homens protetores e mulheres harmonizadoras se focarmos na excelência de cada gênero. É impossível construir algo belo olhando para um modelo deformado. Nossa imagem interna precisa vislumbrar no outro e em nós a máxima qualidade do que somos em essência.

A fisiologia da energia feminina e masculina

Para entender os dons naturais do funcionamento psíquico do homem e da mulher, vamos observar a fisiologia. A testosterona impacta o corpo e o cérebro dos homens. Como esse hormônio alimenta a força explosiva, o potencial inato de competição precisa ser direcionado. Por causa dessa substância, o homem é bom de foco na conquista e sente dificuldade de diversificar sua atenção. A manutenção da vida acontece há bilhões de anos. O macho era o indivíduo que, também por causa da testosterona, tinha força física para caçar e proteger o grupo. Ou seja, sua mente e até o formato do seu corpo se manifestam para fora, e o estado de luta faz bem para todo o seu sistema.

Esses são seus dons naturais que quando desenvolvidos, trarão base para que o homem se permita conhecer e manifestar suas potencialidades femininas inconscientes, a *Anima*. Que quando expressada na sua luminosidade corresponde à sensibilidade, intuição e desarme. Desse modo o homem pode caminhar para sua plenitude ou individuação. E a mulher será uma grande parceira nesse trabalho, que considero um *desenvolvimento de alta performance*.

A mulher, por sua vez, tem uma diversidade de hormônios que variam o tempo todo, provocando um caldeirão de emoções que desde cedo a ensina a conhecer seu mundo interno. Graças à dança da progesterona, estrogênio e testosterona, a mulher se torna múltipla na percepção do mundo de *dentro* e de *fora* e, por isso, mais apta a sentir e harmonizar os humores. O reino das emoções é dela. Por causa da montanha-russa hormonal, ela é mais sensível, o que bem gerenciado, favorece sua função de gestar, nutrir e cuidar do coletivo. Por isso é tão importante a mulher se dedicar ao autoconhecimento e à espiritualidade. Assim, ela realmente poderá desfrutar da sensibilidade como uma bênção e não como desequilíbrio emocional.

A mulher é o grande portal da Vida, pois carrega o bebê em seu ventre por até nove meses, que depois, para sobreviver, precisará da sua nutrição física e do vínculo afetivo. Por isso, durante a gestação e amamentação, o corpo da mulher fica muito lento, e, se ela observar a natureza, vai entender que é para ficar quieta, não se arriscar, e colocar toda a sua energia vital na geração do novo ser. Principalmente nesse período, os hormônios femininos não estimulam atividades de risco e estão aplicando uma tecnologia de ponta no processo gestacional. A mente e o formato do corpo da mulher são abertos para dentro, para receber e florescer como um solo fértil. A autopermissão para se abrir de forma segura trará saúde física e emocional.

Por todos esses motivos, a mulher não tem estrutura psíquica e fisiológica para viver em estado de *luta* como vemos hoje em dia. Ela é totalmente capaz de lutar e defender a prole ou a si mesma quando necessário, mas isso é muito diferente de passar uma vida inteira indo pro mundo *caçar* diariamente como fazem os homens.

Para as mulheres, viver em ambientes de competição ou de conquista com diversidade de parceiros sexuais é devastador, pois sua estrutura psíquica e fisiológica precisa da sensação de segurança para manifestar seu poder de receptividade. Esse funcionamento natural desenvolvido em milhões de anos visa a estabilidade necessária para a manutenção e proteção emocional de toda a família.

A mulher pode e deve buscar sua expressão profissional, colocar seu dom a serviço do coletivo, mas seu funcionamento natural e saudável é muito diferente do estado de luta que só faz bem para quem tem testosterona na veia. A mulher será muito mais feliz e terá paz se puder viver de maneira leve.

O poder da rendição

Temos considerado a capacidade de desarme e receptividade, típicos do aspecto feminino, como fraqueza, onde a única forma de manifestar força é no domínio ou na conquista. Pois eu vejo e sinto a capacidade de se entregar como uma das características mais potentes que existem.

Podemos observar que as pessoas que são capazes de se render às relações e à vida, são mais sábias, pois essa atitude exige lucidez e autoconfiança. Quem é inseguro não se abre e está sempre na defensiva, agindo muitas vezes de forma violenta, achando que isso é o feminino forte. Ledo engano. Está muito mais para o masculino disfuncional do que para o verdadeiro poder do feminino.

Normalmente se associa a violência aos homens, mas isso é o lado sombra do masculino. Essa postura distorcida pode se manifestar tanto em homens como em mulheres, através do *Animus,* que é a porção masculina e inconsciente de sua psique.

Se é no homem, ele usa a força, porque a testosterona o faz forte fisicamente, porém essa força pode ser usada para atacar ou proteger. Isso muda completamente a perspectiva. O maior dom do homem é a proteção.

Do mesmo modo, as pessoas associam as mulheres à manipulação e ao vitimismo. De novo, isso é o lado obscuro do feminino e pode se manifestar nos homens, através da *Anima,* porção feminina e inconsciente de sua psique. Por serem seu próprio laboratório, as mulheres são grandes conhecedoras do comportamento humano. Manipulação e vitimismo são a corrupção de sua excelência que, como vimos, é trazer harmonia, paz e consequentemente vigor nas relações afetivas. Um poder imenso!

> Com sua sabedoria, receptividade e magnetismo, a mulher atrai o que quer sem esforço. As coisas giram à sua volta, pois ela é a gestora e mantenedora da vida, da beleza natural e das emoções de todos. Ela tem esse poder silencioso, centrado. Nesse aspecto, a vejo como o Sol que está no centro, onde todos os planetas orbitam para receber sua força iluminadora.

Direcionando a atenção para a excelência das forças

Sinto que todos nós, homens e mulheres, temos menosprezado a expressão de excelência da força feminina e considerado que a única potência possível é a expressão masculina, de luta e conquista. Não é. Hoje coloco toda a minha energia na presença para fortalecer o magnetismo e a sabedoria emocional, típicos do aspecto feminino, pois sinto que é o meu estado natural de Ser.

A rendição exige coragem pela capacidade de abrir o coração. Para se ter uma experiência espiritual de conexão com o Divino, é preciso ter ou desenvolver essas qualidades femininas. A postura controladora impede o movimento de transcendência e êxtase místico. Na mulher feminina, essa postura é natural. O homem masculino, independentemente de sua orientação sexual, poderá aprender com mulheres femininas como se desarmar para receber a transcendência na espiritualidade, começando por sua mãe.

Essas funções de excelência estão tatuadas no nosso inconsciente e na nossa fisiologia. São os arquétipos ou ideias puras que deixamos de buscar para considerar apenas as distorções. A parelha homem e mulher, cumprindo funções fisiológicas e psíquicas inerentes a cada um, forma a equipe de sucesso, que preservou a continuidade das espécie por milhões de anos. As funções dentro dos grupos aconteciam naturalmente pelo dom inato de cada um. Nesse sentido, assumir primeiro nossa potência natural nos ajuda a desenvolver outros dons em uma base mais saudável, psiquicamente falando. Para fazer qualquer mudança, será preciso várias gerações de uma nova experiência, a fim de que se estabeleçam novas formas de viver que também precisam se mostrar funcionais na transmissão e manutenção da vida, pois é através de sua regência que o *modus operandi* se estabelece com força. Qualquer forma de se relacionar que está baseada em interesses individuais e que não serve à vida tende a desaparecer.

Homem e mulher podem aprender um com o outro sobre modelos saudáveis de feminino e masculino. Como citei, isso independe de sua orientação sexual. Estamos falando de aspectos psíquicos profundos ou arquétipos que nos influenciam o tempo todo.

Precisamos trabalhar internamente para sermos guiados por nossa dimensão luminosa. Essa postura dá trabalho, e por isso muitas pessoas estão paralisadas no estado de julgamento e acusação. Olhar somente para a corrupção dos dons espirituais é permanecer na zona conhecida, sem construir nada novo. Se percebemos os homens como violentos e as mulheres como manipuladoras, estamos olhando para trás, sujeitos a não crescer, virando estátua de pedra.

Hoje me relaciono com homens e mulheres como colegas ou amigos, enxergando e ativando seus dons naturais, e essa postura desperta um novo tipo de troca com ele, ela e comigo mesma. Iluminando a sombra, olhando para a frente.

Heranças ancestrais

Depois da influência profunda dos pais biológicos na formação do inconsciente, vem uma sequência de pessoas que também vão transmitir conteúdos estruturantes pela convivência. Cada um tem seu lugar de importância, e esse reconhecimento é fundamental. Pais de criação terão um papel especial, pois sua função na história da pessoa também forma emaranhamentos significativos. O mesmo acontece com cuidadores e professores. Todos que fizeram parte precisam ser incluídos no coração para que a pessoa se sinta inteira.

E quando a pessoa não conheceu os pais biológicos? Eles e toda nossa ancestralidade vibram suas consciências dentro de nós. Basta fechar os olhos e sentir suas presenças. Uma das possibilidades de reconciliação oferecida pela Constelação Familiar é justamente o reencontro com pessoas que perdemos de vista ou que já desencarnaram.

Constelação do pai homossexual

Certa vez, uma cliente me procurou para olhar na Constelação Familiar sua dificuldade nos relacionamentos. Sentia que carregava a crença de não ser merecedora de viver uma relação com entrega plena. Ela me contou que tinha a sensação de que seu pai, já falecido, havia sido homossexual e nunca pôde expressar sua orientação. Disse que havia escutado fragmentos de histórias que revelavam que ele teria tido um grande amor que não pôde ser vivido.

Senti que a história desse pai tinha força de impacto na sua vida afetiva, mas decidi começar com o essencial e deixar que o Campo trouxesse as informações verdadeiras. Ela pediu sigilo, e eu concordei que não havia nenhuma necessidade de exposição da intimidade do seu pai.

No momento em que a cliente escolheu os representantes para ela e os pais, o representante do pai começou a olhar para fora da família, se mostrando alheio aos movimentos da esposa e da filha. Então eu pedi que ele próprio escolhesse alguém para representar uma pessoa que eu tinha em mente. Senti que, se ele que não conhecia a história fizesse a escolha, o inconsciente poderia me dar alguma informação. Então o representante do pai, que era homem, escolheu o único outro homem presente no grupo.

Normalmente não importa se escolhemos homem ou mulher para representar quem quer que seja, mas nesse caso senti que era um dado significativo. A Constelação seguia seu curso com alguns movimentos esclarecedores, até que eu pedi para o representante do pai dizer para a pessoa que se posicionava fora da família: *Sinto muito. Você sempre esteve em meu coração.*

No momento em que o representante pronunciou a frase, ele pediu para eu me aproximar e disse ao meu ouvido que sentia que aquela pessoa era seu grande amor — um homem. Pedi que continuasse sentindo se era isso mesmo e esperei acontecer mais alguns movimentos. Passado um tempo, ele me confidenciou que precisava contar para toda a família sobre essa relação, que foi a primeira e que não teve coragem de assumir em vida. Disse que essa declaração de amor perante a todos significaria sua libertação do segredo que o fazia sofrer.

Perguntei reservadamente à cliente se o representante poderia assumir seu grande amor para todos os presentes. Ela, já em lágrimas e completamente desarmada de julgamento, autorizou com tranquilidade.

Então, o representante de seu pai disse as representantes de sua esposa e filha: *Esse foi meu primeiro e grande amor. Ele faz parte. Abri mão desse amor para me dedicar a vocês.* Em seguida, ele disse para o homem que amou: *Essa é minha família. Escolhi não viver nosso amor para me dedicar a ela. Ganhei filha e uma história rica em aprendizados. Sinto muito pelo que sofremos. Você faz parte e tem um lugar de primeiro amor em meu coração.*

Diante dessas declarações, todos se comoveram muito e a família honrou e agradeceu o pai por sua escolha. Também honrou o homem que ele amou e o reconheceu como parte da história de todos.

O pai, agora fortalecido e leve por ter assumido a verdade, abençoou a filha para ela poder finalmente se sentir merecedora de uma relação verdadeira. Ela honrou o pai, agradecendo a vida e se liberando para fazer uma nova escolha: ser feliz.

Com esse exemplo, que é um dentre inúmeros outros sobre o não julgamento que aprendemos na Constelação, retomo um tema importante. Vejo as pessoas fazerem uma enorme confusão entre papel biológico e papel social. A Constelação Familiar enxerga cada função com uma clareza impressionante, reconhecendo todos os papéis e não ignorando a importância fundamental de cada um deles. É a cosmovisão mais inclusiva que existe. Assim, qualquer facilitação com afirmações baseadas em preconceito ou dogma está errada. É qualquer outra coisa, menos Constelação Familiar.

Essa abordagem têm como um dos seus fundamentos a inclusão incondicional, pois olha para a verdade de cada história e enxerga cada pessoa que deixou sua marca sem supor que sabe mais do que a própria engenharia da Criação.

Diante do Amor Sistêmico, não existe distinção entre as pessoas. Cada um tem sua história e seu papel no tabuleiro de Deus. Não existe dois pesos, duas medidas, não defende apenas aqueles que pensam igual. Ao contrário disso, é o único método que conheço que trabalha para incluir os excluídos. É o olhar mais alinhado com os direitos humanos que existe.

Autoliberação

A Constelação Familiar nos revela a autoliberação a partir da tomada de consciência de como as relações acontecem na dimensão da verdade. Quando conseguimos finalmente olhar, enxergar e abrir o coração para incluir cada pessoa que faz parte, integramos também nossas partes internas fragmentadas. O sistema lá fora representa nosso sistema interno.

Como temos percebido, cada pessoa ou grupo que excluímos tem um aspecto correspondente dentro de nós que fica na sombra.

Por isso, a exclusão do pai ou da mãe nos deixa frágeis, inseguros, e, para sobreviver, investimos nossa energia vital numa aparência vazia. Mas a ilusão é cansativa e insustentável. Se você rejeita o pai ou a mãe ou alguém que fez parte da sua história, um pedaço de você fica amputado. Um belo dia, quando estiver cansado, precisará baixar as armas e soltar suas preferências pessoais para incluir tudo aquilo que antes rejeitava.

Então a mágica acontece. Seu coração se torna maior, e você se sentirá inteiro.

A possibilidade de ser algo novo

Depois que passamos por esse processo de reconhecimento e cura da relação com nossos pais biológicos, podemos começar a nos liberar do universo conhecido para construir um novo feminino e um novo masculino para o nosso mundo interno. Nesse momento, entram os modelos, ou exemplos, de homens e mulheres que nos inspiram. Através dessas pessoas, podemos desenvolver nosso próprio brilho e dons pessoais. Saímos um pouco das referências familiares para dar novos passos.

Nesse ponto, já integramos toda a herança que nos fortalece, agradecemos e deixamos para trás as correntes que nos aprisionavam aos padrões limitantes. Tendo o coração pacificado e aberto para o mundo, podemos conceber nosso próprio caminho, nos deixando fecundar por novas referências, fora e dentro de nós. Digo que podem estar dentro também porque somos capazes de conceber experiências inéditas na história da família humana, orientados por uma Inteligência Maior.

Eu própria tenho vivido essa possibilidade. Tudo o que eu escutei sobre idade, profissão e casamento caíram por terra e hoje vivo diferentemente dos meus pais e avós. Sem julgamentos. Eu simplesmente não me encaixo no que seria recomendado para minha idade atual, pois estou sempre recomeçando e aceitando trilhar novos caminhos. Tenho descoberto dons que nunca nem ousei sonhar que teria; e, sobre casamento, tenho vivido meu matrimônio comigo mesma enquanto não estou casada com outra pessoa.

Casamento alquímico interno

Comecei a perceber que, ao escolher olhar para a verdade e seguir meu caminho sem me iludir com as projeções no outro, eu estava justamente fortalecendo o aspecto masculino dentro de mim: poder de escolha, de dizer não, disciplina, ação e autoproteção.

E foi ficando claro que, à medida que meu masculino interno se fortalece através da minha consciência, me torno inteira. Integro os aspectos femininos, que estão sendo lapidados cada vez mais, e o masculino, que antes estava distorcido.

Esse processo representa o casamento alquímico interno, em que a união do feminino e do masculino traz a compreensão para viver todas as relações da vida sem tantas carências. Sinto que hoje me relaciono na família, no trabalho e nas amizades com menos máscaras, dizendo o que realmente sinto e sem exigir nada além do que a pessoa já está dando, pois é o que ela tem para oferecer. Não adianta querer o que a pessoa não tem nem para si mesma.

Parei de vampirizar inconscientemente as pessoas à minha volta; foquei na fonte interna e infinita de Amor ou energia vital que me nutre de muitas formas.

Como estou aberta às experiências que a vida me traz, conheço o lugar sagrado de uma relação íntima e me sinto tranquila sobre essa possibilidade. Mas há algum tempo parei de planejar e fantasiar um futuro que se origina muito mais das ideias sociais do que do meu próprio coração.

Sustento uma confiança no Plano Maior tão real que no centro sinto leveza. Confio, entrego e agradeço. Já entendi o jogo ilusório da mente baseada em carência e expectativa. Desativei a procura por relacionamentos afetivos, pois vejo que cresço o tempo todo em todas as relações da vida. Nunca estou parada no meu movimento de expansão do amor.

Quando enxergamos o relacionamento íntimo como parte da jornada espiritual, passamos a confiar na regência da Vida. Uma relação imatura de codependência não oferece nada de bom e revela nossa própria imaturidade. É preciso amadurecer e aprender a se doar para então se conectar com alguém que trilha o mesmo caminho do coração. Estamos tão acostumados a esperar que o outro nos faça feliz que precisamos de um tempo para entender que o relacionamento é um estado de doação e não de cobrança.

Se a união íntima vai nos lapidar, ela significa trabalho interno para transformar a si e não o outro. Na construção de uma nova consciência passamos a crer que no momento certo, encontraremos a pessoa certa para essa experiência que vai precisar da entrega mútua para a construção de algo verdadeiro. E, se for para evoluir sem uma relação afetiva, está tudo perfeito também. Não mandamos em nada, pois nossa visão é limitada. A verdade é que nascemos e morremos sós. Precisamos desenvolver o conforto da solitude estando solteiros ou casados. Se nossa companhia é frutífera para nós mesmos, naturalmente será para o outro.

Sonho mágico

Sonhei que ia a um baile com minha mãe. Estávamos muito parecidas e próximas afetivamente. Chegávamos juntas e de repente começávamos a dançar uma valsa... muito leve e harmônica. Ficávamos um tempo longo dançando, levadas por um afeto tão profundo que me parecia ter acessado o Amor pela primeira vez. Parecia que éramos uma só e existia uma conexão de alma que se manifestava nos movimentos... Como se flutuássemos transbordando ternura pelos poros.

Em outro momento do mesmo sonho, éramos eu e meu pai. Ele, já bem idoso, estava sentado no meio fio de uma área com natureza, e eu me sentei ao seu lado. De repente ele me mostra que a pontinha de dois dedos havia caído. Ele estava aflito com isso, e eu também me assustei. Pedi para uma pessoa próxima ligar para um socorro médico, enquanto eu o acalmava. Então, se sentindo amparado, ele deitou a cabeça no meu colo. Fiquei alisando suas costas num momento de profunda ternura... Acordei com uma sensação inesquecível de plenitude e passei dois dias com a vibração altíssima. Parecia que tinha incorporado uma integração sem precedentes. Entendi quando pessoas dizem que a vibração do Amor é a frequência mais alta que existe.

Nesse sonho, ficou claro para mim a natureza do que Bert diz sobre honrar ou tomar o pai e a mãe. Naquelas cenas eu os tomei de corpo e alma. Eu me senti atravessada por cada um e, exatamente por essa abertura e aceitação do que são, já não precisava estar junto lado a lado. Eu sou cada um deles e cada uma das ancestralidades fundidas. É muita potência. E, se eu tento excluir qualquer pessoa, me torno menor.

> "*A vida é mais dança do que luta.*" — Marcia Baja

INTEGRANDO OS OPOSTOS COMPLEMENTARES

Desenhe o símbolo yin-yang do Tao.

Coloque, na parte escura, todas as suas características que são mais ligadas ao feminino e, na parte clara, todos os seus aspectos que são mais ligados ao masculino.

Feminino: interior, intuição, nutrição, receptividade, desarme, rendição, atração magnética, maturidade emocional, harmonização, visão ampliada, sensibilidade.

Masculino: exterior, ordenação, foco, proteção, provimento, conquista, ordenação, disciplina, força física, resistência, ação.

Observe se há equilíbrio na manifestação dessas forças dentro de você.

Experimente mudar a qualidade dessas forças na sua vida e observe o resultado.

Exemplo: se você é mais Yang em uma conversa, tendo sempre o impulso de falar mais e finalizar o diálogo, experimente escutar mais e deixar o outro conduzir. Deixe que a última palavra seja do outro e observe sua sensação.

Com essa experiência, você deixa de ser comandado pelo impulso automático e expande a capacidade de escolha transitando entre as forças Yin e Yang com liberdade de acordo com cada situação.

13
Caminhos sagrados

> *"Deseje a Deus, e não algo que ele possa te proporcionar."* — Helena Blavatsky

No livro *O medo do sucesso*, que sinto ter sido precursor deste atual, conto em detalhes minha incursão no mundo da arte de representar e como a experiência da atriz impactou minha vida emocional. Agora tratarei da vivência na arte com maior profundidade, direcionando a abordagem para o autoconhecimento e para a conexão da arte com a espiritualidade.

Em primeiro lugar, quero declarar meu amor e gratidão a essa profissão que me levou para o mundo de uma forma poderosa. A arte de interpretar tem sido um encontro profundamente transformador com minha capacidade criativa. Esse caminho chegou na minha vida me virando do avesso e trazendo curas inimagináveis. Portanto, declaro meu amor eterno ao ofício de atriz!

Lembrando que somos uma continuidade dos nossos antepassados, reconheço e honro o fato de que fui lapidada por um povo que sente o corpo como canal de comunicação com a própria essência e com as divindades. Sagrado e profano, o povo baiano pratica sua religiosidade não só na espiritualidade, mas também na expressão corporal, sem negar a sexualidade como estado natural de conexão com toda a criação.

Na faculdade de dança contemporânea, a presença da ancestralidade baiana ficou nítida. Éramos meia dúzia de pessoas com pele clara num coletivo de grande maioria negra. A Bahia é assim, e não seria diferente numa universidade onde a qualidade artística reside na expressão física dentro da musicalidade. A negritude em nós era estimulada e valorizada, já que a afrodescendência, entre muitas outras coisas, nos deixa como herança um físico vigoroso e inteligente.

Foi nesse intenso período de faculdade que pude expandir a consciência corporal que fez diferença na minha carreira de atriz. Afinal, na atuação, nosso corpo é instrumento de comunicação de outras histórias de vida. Cheguei ao Rio de Janeiro no final da década de 1980 me expressando com essa liberdade e mente aberta às novas experiências.

Eu costumo dizer que todas as pessoas deveriam fazer teatro. Não apenas como opção de profissão, mas como autoconhecimento, educação emocional, consciência de si e do outro. É um desafio que nos convida a sair da zona de conforto, reconhecer e transcender nossos limites, nossos medos.

Imagine eu, que já tinha sido uma pessoa praticamente muda por dificuldade de me expressar, me desafiando a encarar uma plateia de teatro. Pois é exatamente assim que a evolução acontece. Acho isso lindo, mas concordo que pode ser assustador se não conseguirmos enxergar que estamos na vida para isso. A autossuperação dos próprios limites pode acontecer tanto através das relações pessoais quanto do trabalho. Hoje faz muito sentido ter começado pela dança, que a princípio dispensa a palavra, para só depois adentrar o teatro, transpondo o desafio maior que era a expressão pela fala.

A autolimitação acontece pela ação do medo que pode ser real, estando a serviço da preservação da vida, mas também pode ser fruto da imaginação. Se trata de uma crença fantasiosa, uma fumaça que pode se dissipar ao primeiro sopro da verdade. É desse medo ilusório que estamos falando.

Se o propósito da vida é a evolução, serei atraída para meus limites, seja pelo medo ou pelo desejo.

O medo nos move tanto quanto o desejo, pois nos afeta prendendo nosso olhar. Se coloco o foco em algo, ando em sua direção. Quando o faço por desejo, é consciente e gosto de chegar lá. Mas, se tento fugir do que temo, inconscientemente caminho para a sentido que evito. Portanto, posso considerar o medo como um convite à experiência que a princípio me amedronta, mas que preciso viver para me superar, evoluir. O medo não é um sinal vermelho para fuga, mas sim uma placa que diz: *venha para cá!* Você só tem medo porque ainda não conhece.

Não adianta fugir, tentar olhar para outro lado, o espectro do medo estará lá no canto oposto te chamando.

Trazendo para minha experiência, tudo o que significava necessidade de comunicação me impactava de maneira profunda e não me deixava outra escolha senão encarar o desafio. É como criar relação com a sombra: quando olhamos para o abismo, ele nos olha de volta. Nos tornamos conhecidos e já não nos amedronta tanto.

Se a comunicação era desconfortável, eu precisava me aprimorar, e a vida estava me dando de bandeja a oportunidade para isso. Eu ficava tão apavorada na hora de entrar em cena que precisava acionar uma força oculta para atravessar a linha de autoimpedimento. Aos poucos, essa entrega ia se estabelecendo como mecanismo natural para fluir na atuação com potência. Mas, antes de me apaixonar pela magia da palavra no palco do teatro, precisei dar alguns passos.

O poder de ser o outro

Eu já dominava a expressão corporal quando comecei a ter a experiência de falar em cenas de novela, onde a princípio atuava como dançarina. Foi inesquecível a primeira vez que escutei o *gravando!* do diretor, e, logo em seguida, minha voz, que já não era a minha, dando lugar à expressão de uma personagem. Experiência mágica e indescritível. Naquele instante, senti o efeito transformador de poder ser outra. Tudo aconteceu de repente, e o que fiz foi me entregar de coração à cena, ao momento da ação.

Hoje esse chamado ganha novo sentido quando me permito trilhar caminhos terapêuticos, em que me colocar no lugar do outro é fundamental. Quer dizer, passei décadas me entregando à experiência de viver histórias de outras mulheres para, nesse momento de vida, exercer tal capacidade nos processos de escuta terapêutica e na facilitação da Constelação Familiar.

No caminho da atuação, eu achava que ficaria 10 anos fazendo teatro até ter uma experiência com televisão. Assim me falaram, assim acreditei. Senti que era uma perspectiva coerente e bem-vinda. Lembro de ter escutado uma vez Fernanda Montenegro declarar que o ator precisa de humanidade, evolução pessoal, e isso me tocou profundamente. Fazia todo o sentido!

> Se vamos emprestar nosso corpo e sentimentos para uma personagem, se precisamos compreender sua história e viver suas escolhas, sem julgamentos, fica claro para mim que preciso alargar meu coração e minha alma para acolher esse outro ser, muitas vezes com preferências contrárias às minhas. Ou seriam preferências complementares? Deixo aqui essa reflexão importante.

Um mergulho na alma humana

No início, escutei histórias sobre alguns atores, naquela altura já consagrados, que ao chegarem no Rio de Janeiro vindos de outros estados, passaram necessidade, dormiram na rua, sem ter o que comer, até conseguirem a primeira chance de mostrar seu talento. Claro que são desafios pesados, mas eles haviam superado as dificuldades e encontrado, através delas, uma grande força. Esses exemplos me encantavam! Eu tive sorte de não ter passado tanto aperto, mas sem dúvida eu precisava me deixar lapidar por provações maiores do que meus pequenos dramas pessoais.

Assim, desde aquela época, aprendi e ver os desafios como grandes mestres que lapidam o olhar, pois a Vida tem planos maiores do que os nossos. E por isso é tão importante não nos paralisarmos no muro de lamentações. Minha aceitação das adversidades e entrega a tudo o que acontecia me alinhou com a Inteligência Superior ou Deus.

Além de cultivar confiança, pude desenvolver qualidades que para mim são essenciais na atuação: capacidade de acolher, escutar, enxergar o outro e aceitar as diferenças também me aceitando como sou. Já naquele início, a arte de atuar me revelava um sentido profundo de caminho sagrado.

Atuar é mergulhar na alma humana. E agora faz todo o sentido ter me apaixonado por esse ofício, que me preparou de muitas formas para a compreensão terapêutica que tenho hoje.

A arte de representar é extremamente libertadora e é também puro autoconhecimento. Experienciando histórias completamente diferentes da nossa, podemos nos descolar um pouco da personagem que adotamos na nossa vida para experimentar outras possibilidades de ser e estar no mundo. Nos conscientizamos de que estamos o tempo todo construindo uma persona e que podemos desconstruir e renascer sempre que quisermos. Isso me poupa sofrimento, pois percebo que sou eu que produzo minhas próprias mazelas ao tentar engessar minha personagem da vida real quando ela já cumpriu seu papel.

Ação!

Existem muitas formas de atuar e todas são certas. Cada ator vai construir seu próprio caminho bebendo de uma ou de várias escolas, além do maior aprendizado que é pelo exercício da profissão. Tudo isso vai dialogar com o universo de cada ator e com a história a ser contada. Eu própria busco caminhos inéditos para cada personagem e, na verdade, são elas que me guiam no processo.

Minha base é a entrega, às vezes passando um tempo no ambiente de vida da mulher que vou representar, ou me colocando em situações parecidas com as que ela viveu em sua história. Em muitos casos monto uma playlist de músicas que representam seu ritmo interno ou vibração, escrevo cartas para cada pessoa que compõe seu sistema familiar e, com isso, me aprofundo na sua jornada, ativando memórias e novos sentimentos dentro de mim. Posso usar todas essas ferramentas juntas ou apenas algumas. Existem particularidades que cada processo vai revelando através de sincronicidades, sonhos e emoções, que se manifestam como comunicação do inconsciente. Hoje vejo que é um processo bem fenomenológico.

Quero falar aqui de uma diferença específica. Alguns atores se apoiam numa técnica mais distanciada de sentimentos reais, enquanto outros passam por uma profunda vivência de preparação para incorporar aspectos da personagem e *esquecer* que se trata de uma ficção para se entregar de corpo e alma. Este é meu caso. Sempre gostei de buscar a vivência com o máximo de realismo possível. Por que desperdiçar a oportunidade da experiência? Claro que sei o tempo todo que não sou eu de verdade, mas também tem um tanto de mim. A diferença é que preciso cumprir o que está combinado com o diretor, colegas e equipe técnica. Dependendo da cena e do diretor, preciso fazer um trajeto ou uma fala exatamente como aconteceu no ensaio. Mas a cada dia vejo mais profissionais do audiovisual interessados em deixar espaço para que o inesperado se manifeste como na vida, pois nela nunca sabemos o que vai acontecer, e a verdade do momento traz força para a cena.

Posso imaginar meu trajeto até uma porta de saída, mas sabemos que estamos sujeitos à eventos inesperados interferirem nos meus passos antes de cruzar pela porta. E é exatamente a abertura para me surpreender no caminho que sustenta o estado de presença. O imprevisível nos ancora no pulsar da vida, que dança com nossas escolhas espontâneas para tecermos juntos a realidade.

Como resposta às surpresas, podemos expressar nuances que não estavam previstas, trazendo a verdade que toca os corações após escutar o comando do diretor: *Ação!* Para mim, esse instante sempre teve um tom mágico ou místico, como se a ordem abrisse um portal de criação coletiva de uma nova realidade.

É como se toda a preparação de dias, horas, segundos convergisse para o alinhamento de cada coração, direcionando a energia vital para a manifestação de um mundo paralelo que representa medos e anseios comuns.

Aqui está de novo o corpo como instrumento essencial para a experiência fictícia que busca recriar a vida. Perceber o odor e a temperatura, enxergar uma mosca que voa, admitir e deixar aflorar um incômodo físico... Tudo traz verdade à cena. Afinal de contas, é assim na vida real. Não temos o menor controle nem previsão sobre o que vai acontecer.

Na hora da cena, como em um trabalho terapêutico, os estudos sobre a personagem devem ser *esquecidos*. Aprendi a deixar o pensamento como tela em branco para que as falas brotem da memória da maneira mais orgânica possível. Nesse processo de esquecer deliberadamente para deixar fluir com naturalidade, surgem pausas e pensamentos novos que vão colorindo a partitura do texto com a verdade do momento. É isso que pode tornar uma cena tocante e transformadora para quem realiza e para quem assiste. A verdadeira comunicação pela comunhão dos sentimentos.

Atuar é um exercício de presença e entrega à dinâmica inesperada da vida!

"Conheça todas as teorias, domine todas as técnicas, mas ao tocar uma alma humana seja apenas outra alma humana." – Carl Gustav Jung

Presença, escuta e verdade

Como estamos vendo, acolher pequenos eventos durante a cena transforma a ficção em uma nova realidade. O que poderia ser considerado erro se torna canal de conexão com o outro e com a vida. E a cada repetição da cena surge uma nova forma de fazer.

É exatamente esse estado de presença e escuta que a facilitação de um trabalho terapêutico fenomenológico nos pede. Como não existe um protocolo e não sabemos ainda o que está oculto, é fundamental que estejamos abertos para o que vai se apresentar, trazendo informações surpreendentes que não teríamos acesso se estivéssemos fechados em uma única perspectiva. Se a história que o cliente traz estivesse de acordo com a origem de seus problemas, ele já teria resolvido. Portanto, é sempre uma visão particular e limitada ao seu ponto de vista, que no processo pode expandir e libertar.

Existe algo curioso a respeito dos pensamentos em cena e também no trabalho terapêutico: o que pensamos comunica. Em cena, transmitimos essa informação oculta através do olhar, janela da alma. Na Constelação Familiar, transmitimos o que pensamos pela manifestação do Campo Psíquico.

Então muitas vezes basta pensar no que você quer comunicar. Isso é lindo e é consciência para a vida: seja verdadeiro, e a verdade do seu Ser tocará outros corações.

Por isso a pessoa que mente não consegue criar conexão duradoura com ninguém. Sua intercomunicação é vazia, não tem sustentação na Verdade. É como o ator que se apoia só na forma, desperdiçando a amplitude da conexão real sentida no corpo, no coração, na alma.

A vida, uma grande ficção

Te convido para refletirmos juntos sobre como as experiências nos marcam. Se quando morremos saímos desse plano sem nenhum objeto ou pessoa, inclusive sem nosso próprio corpo, isso significa que só levamos daqui a memória da experiência de realidade. Ou seja, nossa alma sai dessa dimensão impregnada de tudo o que viveu internamente. O mundo é o ativador das impressões que permanecerão como consciência.

Desse modo, qual é a diferença da cena criada pela vida real e a cena criada por um roteiro? No fundo, a cena de ficção é Deus criando através de um roteirista e nos dando a oportunidade de experimentar muitas formas de ser dentro de uma única vida.

Por isso sempre pensei ser uma grande oportunidade viver dores e prazeres da forma mais verdadeira possível, atenta às consequências das minhas escolhas, seja numa cena de ficção ou na vida real. É muito parecido. Se torna o melhor treinamento para não nos identificarmos tanto com a personalidade que carregamos, pois também é uma criação mutável, que foi forjada pela vida ou pela ancestralidade por meio das memórias herdadas.

Como você está vendo, atuar é viver. Nosso corpo acredita no impulso que o movimenta e em tudo o que pensamos. Se imaginamos uma situação, isso deflagra a produção de uma série de substâncias químicas naturais que irão alterar o batimento cardíaco, a pressão, a respiração e consequentemente nossas emoções, que, por sua vez, moldam o próprio corpo e a nossa consciência.

Toda experiência emocional é incorporada. Por isso existem ciências que podem ler na nossa conformação física tudo o que nos aconteceu desde a gestação. Traumas uterinos, dores e delícias da primeira infância. Tudo fica registrado na matéria.

Portanto, assim como na vida real, o corpo vive a cena inventada como se fosse realidade, e isso passa a fazer parte da nossa experiência de vida. Você pode imaginar a riqueza desse caminho para a evolução pessoal? Por isso repito: faça teatro, participe de grupos que buscam a experiência criativa. Quando exercitamos a criação de maneira lúdica, estamos aprendendo a criar a realidade numa relação direta com nossa criança interna.

O poder criativo da nossa criança interior

É isso mesmo, a Arte é o departamento da nossa criança interior, que ensaia na brincadeira a vida que clama o coração de adulto. Como vivemos numa sociedade sem consciência da existência da criança interna e sem conhecimento do poder do mundo imaginal, somos levados a sufocar, excluir nosso aspecto infantil, no momento da transição para a adolescência. Mal sabemos que a negação desse aspecto fundamental nos rouba a possibilidade de criar realidade através da imaginação consciente.

O ato de representar em uma história fictícia nos devolve o poder criativo que nossa criança interna precisa para ser feliz.

Ela é a guardiã da verdade, pois conhece nossos anseios mais profundos, nossas dores e medos, muitas vezes suprimidos da lembrança para que pudéssemos sobreviver ao mundo e seus desafios. Quando damos atenção e colo para esse aspecto que normalmente age de forma inconsciente, paramos para enxergar a origem das nossas carências e devolvemos a essa criança interna seu poder: a materialização dos sonhos. Então ela se empodera e sai dos setores da vida que devem ser comandados pelo nosso aspecto adulto.

Aprendemos no trabalho das Constelações que o estado infantil não é capaz de lidar com dinheiro e sexualidade. Por isso pessoas apegadas às memórias da infância têm mais dificuldade de ganhar dinheiro e desenvolver relacionamentos íntimos saudáveis. Claro que é um estado de infantilidade inconsciente, nutrido pela criança interna ferida. Por isso a importância de desenvolver o aspecto adulto que acolherá o aspecto infantil. Costumo dizer que carregamos internamente a Sagrada Família. Temos um masculino, um feminino e a criança, que quando ocupam seus devidos lugares, vivem em equilíbrio e força.

Quer dizer, posso deixar a criança em mim imaginando o melhor da vida, enquanto a minha parte adulta trabalha para realizar. Se o adulto, que foi moldado pelas crenças limitantes fica com o papel de sonhar, provavelmente a imaginação estará reduzida ao plano mental, ao passo que a criança, não. Ela representa o sonho sem limites, conectada com o Amor maior e com o que nossa alma planejou para essa existência.

A criança interior é mensageira do plano original que, na maior parte das vezes, vai sendo esquecido, engavetado, à medida que crescemos e somos levados a duvidar de nosso próprio coração.

O papel desse aspecto do nosso ser é fundamental! É a criança em nós que tem a capacidade de nos inspirar para romper velhos paradigmas em nome de um chamado para a evolução. Através do seu poder imaginativo, podemos dar asas aos sonhos que iremos atrair e materializar na vida.

Primeira lei hermética: mentalismo. O universo é mental. Tudo o que imaginamos, se materializa. Só não vemos esse processo acontecer porque fomos ensinados a olhar apenas para fora. Não percebemos que nossos temores estão sendo materializados o tempo todo, justamente porque colocamos foco neles. Porém, é nossa criança interna, detentora da potência criativa capaz de transformar nossa realidade, que pode estar aprisionada nas dores da primeira infância.

Quando acordamos para o mecanismo da cocriação, passamos a ficar atentos ao nosso mundo interior. Tomamos consciência de que nossa criança interior pode tanto estar sendo conduzida por lealdades do amor que adoece quanto habitando um lugar que não é dela: a parte adulta em nós, aspecto que deve arcar com as relações afetivas e profissionais.

Então podemos arrumar a casa. A criança recebe de volta sua saúde emocional e liberdade criativa, enquanto o aspecto adulto, mais limitado pelo foco no objetivo, poderá assumir os papéis de responsabilidade e de realizador dos sonhos da criança. É um trabalho conjunto, onde cada componente do nosso ser é convidado a assumir sua potencialidade.

A arte de assumir as sombras

Somos um ser complexo em essência, feito de luz e sombra, do positivo e negativo, de polaridades opostas e complementares. Na Arte, nossa sombra é muito bem-vinda, pois o propósito é revelar através das personagens toda a riqueza da natureza humana com suas incoerências e imperfeições.

Na atuação, todo grito de dor e a visceralidade que desacomoda a zona de conforto estabelecida na sociedade se tornam potências de comunicação da verdade. Não há julgamento, não há condenação, apenas o reconhecimento da nossa humanidade. E através do reconhecimento podemos acolher, iluminar e nos transformar. Desse modo trabalham também a Constelação Familiar e o Xamanismo.

No ofício do ator, muitas vezes revelamos facetas que são valorizadas na Arte, mas que nos causam vergonha na vida real: raiva, inveja, manipulação. Toda obscuridade que é negada e escondida a sete chaves, é acolhida e transmutada. Esse processo de autoaceitação traz força e nutre como a flor de lótus que nasce da lama rica em verdades profundas para poder desabrochar toda sua beleza.

A sombra não tem existência própria, ela é apenas a ausência da luz e cresce a partir da criança interna rejeitada, excluída, e por isso nos causa aversão. Fugimos das nossa vergonhas e medos como se fossem bestas que vão nos engolir. Porém, o grande trabalho aqui é olhar nos olhos do que parece um monstro e enxergar por trás do desconhecido, nossa criança encolhida, assustada, abandonada em algum canto do nosso ser. Através dela podemos perceber feridas abertas e experiências de dor e humilhação que precisam ser vistas e cuidadas. Ao ser acolhida pela Arte, a criança interna recobra seu poder criativo e já não precisa mais nos assombrar.

Anjos são crianças reintegradas.

Forças negativas são pessoas excluídas.

Compreensão profunda da vida

A arte de atuar vive de cada pedacinho belo ou feio da nossa personalidade. Ela cura as feridas, retira as máscaras, descarta as armaduras. Sempre tive a sensação de que diante da câmera, do público do teatro, me torno mais verdadeira, pois o que a sociedade rejeita por achar feio, a Arte reconhece como parte essencial da verdade.

É um caminho de autocura, autoliberação que nos coloca diante do que realmente somos. Aliás, nos acolher é a única maneira de real transformação, pois o que rejeitamos se enrijece e fica reprimido no inconsciente. Desse modo, o teatro se torna processo de autoconhecimento tanto para quem faz como para quem assiste.

Desde o início da história da humanidade, a Arte tem desempenhado vários papéis, seja como expressão da linguagem ou como registros que se tornam históricos por refletirem hábitos, culturas, eventos memoráveis. Aqui, além dessas funções importantes, trazemos a manifestação da dimensão psíquica profunda.

Na Grécia Antiga, os teatros e suas peças funcionavam como local propício à expressão da psique pessoal e coletiva, tamanha era a identificação do público com as peças encenadas. Muitas pessoas entravam em catarse pela manifestação das próprias emoções. Ou seja, a Arte era vista e experimentada pelo público como uma real oportunidade de cura através do transbordamento de sentimentos reprimidos, que eram ativados pela representação.

Quando percebi a similaridade entre as abordagens, experimentei usar a fenomenologia da Constelação Familiar na construção criativa do trabalho de atriz. A primeira experiência aconteceu quando eu estava prestes a gravar uma novela bíblica e intuí que, por ser uma ancestral remota de toda a humanidade, talvez eu pudesse constelar para observar a natureza profunda da personagem e nossa conexão. Foi revelado no processo que Lia, primeira esposa de Jacó, era a parteira do clã. Essa informação não estava em lugar algum e não havia nenhuma cena de parto escrita, mas o dado e a experiência da Constelação me conectaram profundamente com a personagem.

Algumas semanas depois dessa experiência, a gravação, que havia sido suspensa por causa da pandemia, foi retomada, e, no novo roteiro apresentado, havia uma cena de parto, na qual minha personagem era uma das parteiras! Isso aconteceu no período de isolamento, sem nenhum contato meu, ou das colegas que participaram da Constelação, com a produção da novela.

Quando começamos os ensaios com os outros atores, comentei sobre essa experiência, e a preparadora de elenco pediu que eu facilitasse uma Constelação Familiar com as minhas colegas atrizes, e assim o fiz. Abri o Campo, e ficamos um bom tempo sentindo nossas personagens por dentro, com a intensidade de sentimentos e o significado profundo de suas vidas. Acessamos o teor das relações, as dores e as alegrias de cada lugar que ocupávamos na família de Jacó. Éramos as quatro esposas na ficção.

Foi uma experiência decisiva para todas, como se aquela Constelação tivesse virado a chave do entendimento da psique ou alma de cada personagem, assim como a relação entre nós.

Poucos dias depois, uma das atrizes que faltou ao encontro da Constelação e estava tendo dificuldade de expressar a intensidade da personagem, me pediu que eu fizesse uma para ela. Mais uma vez, abri o Campo com o propósito de observar caminhos de conexão verdadeira entre a atriz e a personagem. Depois disso, essa atriz ancorou uma densidade e presença tão grande em cena que seu trabalho surpreendeu a todos. Ela acessou uma força de foco e conexão inacreditável! Além dessas experiências, tenho visto cada vez mais cineastas roteiristas utilizando o método fenomenológico para acessar histórias mais profundas e universais.

Assim, a Arte se torna expressão da nossa humanidade, e a capacidade de acolher a dor do passado pode se transformar em compreensão profunda da vida, força advinda da experiência. Transmutação do ser que rasteja para o ser que voa. Da lagarta à borboleta. Esse processo é possível para qualquer pessoa com desejo de mudança e com humildade. A humildade aqui se torna fator fundamental para uma atuação significativa como atriz e para a evolução pessoal.

Portanto, a Arte me preparou para receber em minha vida uma das ferramentas mais profundas e transformadoras da atualidade: a Constelação Familiar que acessa o inconsciente, origem de muitas dificuldades que, antes, só poderiam ser desvendadas e liberadas através de gerações. O mergulho interno como atriz trabalhou o terreno para que eu me encontrasse com a fenomenologia sem nenhum estranhamento. Afinal, estamos falando de uma dimensão mágica da vida que em alguns casos pode assustar pela maneira extraordinária de se apresentar e pela força contundente da Verdade.

Vamos presenciar, nos próximos capítulos, o reencontro da Arte com a cura.

> *"A mais importante de todas as obras é o exemplo da própria vida."* — Helena Blavatsky

DA CRIANÇA FERIDA À CRIANÇA FELIZ

Agora, vamos viver o processo de criação de uma personagem.

Escreva sobre uma vida diferente que gostaria de experimentar. Pense em uma ou mais pessoas do círculo de convivência da personagem criada e escreva uma carta declarando um sentimento seu sobre a relação. Pode ser falando de uma carência, acusando ou declarando amor.

Assuma, na escrita, a luz e a sombra de sua personagem.

Viva um dia ou mais como se fosse essa outra pessoa. Você vai continuar sendo você nos afazeres, mas, quando estiver só em um ambiente ou com seus pensamentos, imagine:

Como eu tomaria banho se fosse essa outra pessoa?

Como escovaria os dentes? Como me olharia no espelho?

O que vejo pela janela da minha alma?

Como caminharia? Com leveza ou peso?

Seria mais amorosa ou rude na forma de conversar?

Experimente com liberdade e deixe os movimentos brotarem do seu coração, trazendo consciência sobre a personagem que você escolheu manifestar na sua existência.

Perceba a liberdade na construção do seu Ser no palco da vida.

14

O contato com a sombra

> *"É preciso ter o caos dentro de si para por no mundo uma estrela dançante."*
> — Nietzsche

Partindo da percepção que nos considera parte de algo maior, quero trazer uma das características especiais desse trabalho. Na vivência da Constelação Familiar, fica claro que cada pessoa enxerga a partir do seu ponto de vista, que está limitado pelo campo de visão pessoal. Não somos seres onipresentes, capazes de estar em todos os lugares e enxergar de todas as perspectivas. Ainda. Porém, podemos nos abrir para nos conectar com uma consciência maior e ampliar um pouquinho nossa visão.

Através da fenomenologia do Campo, conseguimos sentir uma pequena fração do que o outro sentiu na pele, e assim se torna possível enxergar o outro e não julgar ou condenar, por pior que ele tenha sido. É a grande oportunidade de realmente se colocar no lugar do outro. Isso exige uma coragem gigantesca para sair do ambiente conhecido, abrindo mão, mesmo que momentaneamente, das próprias opiniões e da razão que acreditamos ter. É como suspender a guerra, baixar as armas para se comunicar como ser humano dotado de inteligência emocional, se desenvolvendo para um dia acessar o amor incondicional.

Posso dizer que, nessa expansão de consciência, a pessoa se torna naturalmente uma pacifista. Ao contrário do que se possa imaginar em um primeiro momento, ser pacifista nada tem a ver com ser passivo; significa não ceder ao primeiro impulso de atacar ou ao mecanismo imaturo de não querer ouvir o outro. A pessoa pacifista precisa dar conta da própria criança ferida, do ego disfuncional, encontrar o centro de maturidade em si, ativar uma visão ampliada da situação e vários outros movimentos que só são possíveis com força de vontade e autoconhecimento.

Talvez a intervenção de uma pessoa pacifista até leve os envolvidos a uma correção dura para quem precisa, porém a abordagem é completamente diferente. O pacifista tem como objetivo a resolução do conflito, a transformação da situação para melhor. No entanto, se o conflito tem como meta a guerra e o extermínio do outro, o resultado é sempre a não resolução e muito sofrimento.

Não condenar x impunidade

Aproveito essa minha colocação para esclarecer uma enorme confusão entre a não condenação do outro por parte de cada um de nós e a impunidade. São coisas completamente diferentes, e Bert Hellinger jamais disse que alguém não deve arcar com as consequências dos seus atos. Muito pelo contrário, é possível encontrar essa orientação em vários de seus livros. A autorresponsabilidade é o que vai trazer aprendizado e um pouco de dignidade à alma de quem causou algum sofrimento aos outros. É possível observar inclusive, que, se a pessoa que maltratou o outro não passar pela correção devida, irá de alguma forma, buscar punição através da autossabotagem.

> O agressor age, enquanto a vítima sofre. Julgamos tanto mais culpado o agressor e tanto mais grave o seu ato quanto mais indefesa e impotente

> for a vítima. Após o fato, porém, ela raramente continua indefesa. Pode agir e exigir do culpado justiça e reparação, colocando um ponto-final na culpa e possibilitando um recomeço.
>
> Quando a própria vítima não age, outros agem no seu lugar, porém, com uma diferença: o dano e a injustiça que causam em seu lugar são muito piores do que se a vítima tivesse exigido justiça e se vingado por seus próprios meios.
>
> [...] ambos, o agressor e a vítima, são submetidos à necessidade de compensação. A vítima tem o direito de exigi-la, e o agressor sabe que está obrigado a dá-la. [10]

Essa confusão entre não condenação e impunidade acontece principalmente com as pessoas que ouvem falar da Constelação, mas que ainda não conhecem verdadeiramente ou não experimentaram. Eles podem escutar que alguém simplesmente saiu do lugar de vítima e não odeia mais seu algoz, ou que compreendeu a origem dos fatos e desistiu da vingança. O que aconteceu foi que a pessoa conseguiu enxergar a dinâmica por trás da ação que a machucou. Ela também percebeu que o desejo de vingança bloqueava sua energia de expansão na vida e que o ato abusivo foi fruto de uma sequência de repetições, na qual quem a machucou também foi machucado.

O que todos veem na Constelação Familiar é que o *infrator* passou pelo mesmo martírio que aplicou em suas vítimas e, além de ter recebido esse tratamento de alguém e ter reproduzido, também sofreu por tê-las prejudicado. As pessoas enxergam claramente a transmissão do padrão

10 Hellinger, Bert. O amor do espírito, p. 18. Belo Horizonte: Atman, 2021.

destrutivo e o sofrimento sem fim que atravessa as gerações colocando os agressores como prisioneiros das próprias ações destrutivas. Ao ver o histórico de aflição, durante a Constelação as vítimas decidem ser agentes da própria cura, encerrando o ciclo infernal, soltando o pesadíssimo papel de justiceiro e deixando essa função com quem existe para isso: os órgãos competentes. Elas então entregam o peso da responsabilidade do que aconteceu ao transgressor e se libertam de um enorme peso.

Soltar as correntes da vingança

Soltar a vingança é diferente de aceitar impunidade. A compreensão da origem da atitude negativa serve apenas para liberar a pessoa que foi vítima e carregava a mágoa ou a raiva, que na maioria das vezes a estava adoecendo. Não significa que a pessoa que cometeu o ato de ferir física ou emocionalmente deva ficar impune. Aliás, ela não fica impune de jeito nenhum, porque seus atos trarão consequências, já que existem leis que buscam o equilíbrio da troca: causa e efeito, ação e reação, sem falar na lei dos homens.

Casos de abuso dentro da família trazem variações dessa dinâmica, e é possível observar o sofrimento como chagas abertas em todos os envolvidos, inclusive nas pessoas que desconfiavam, mas que naquele momento tinham seus motivos para não falar e impedir o que estava acontecendo. Os abusadores e os omissos têm sua parcela de responsabilidade e devem arcar com o peso de suas decisões.

Entre várias Constelações Familiares sobre esse tema, vem à minha mente um exemplo claro. Uma mulher, já perto dos 50 anos, que nunca havia se constelado antes, me contatou querendo constelar urgentemente, porque sua irmã mais velha estava para fazer uma longa viagem e o conflito entre as duas a perturbava. Queria, se possível, reconciliar-se com a irmã antes da partida.

Vale dizer que essa mulher nunca havia participado de uma Constelação Familiar a distância, apenas assistido presencialmente, e tinha dúvidas se o virtual seria tão forte quanto o presencial. Como sempre, eu respondi que na minha experiência ambas as modalidades tem a mesma força, mas que a decisão era dela. Ela escolheu fazer virtualmente e pediu para ser no dia seguinte.

Na conversa que antecede o trabalho, a mulher me trouxe várias questões bem desafiadoras. Ela não se dava bem com os irmãos e havia casos de depressão e morte entre eles. Sua mãe havia feito alguns abortos, ela própria não conseguia ter filhos e tinha dificuldade com dinheiro e relacionamentos. Sua mãe quase havia morrido no seu parto, entre outros conflitos. Mesmo trazendo vários temas de emaranhamentos sistêmicos, senti que ela estava constrangida por não conseguir contar alguma coisa.

Então eu expliquei que uma das características lindas desse trabalho é que não há julgamento moralista sobre os atos de cada pessoa. Contei que o processo acontecia em um campo de suspensão das críticas, para olhar as reais motivações por trás de cada evento, para que todos fossem liberados do sofrimento. Ela sentiu, através da minha postura de não julgá-la, a natureza desse trabalho, confiou e, sem eu perguntar sobre algum segredo, ela compartilhou algo que nunca havia contado para ninguém: havia sido abusada por um tio quando era pequena, e seu pai abusava de outra irmã, que morreu de sintomas decorrentes da depressão.

Eu disse a ela que ficasse tranquila, pois esses fatos não precisavam ser contados a ninguém. Continuei na minha postura neutra, mas já antevendo que o processo poderia ser intenso. E foi. Logo no início, tanto a representante dela quanto da irmã, do pai e da mãe sentiam um bloqueio na garganta, como se não conseguissem falar sobre algo muito pesado. Nomeei o evento que abalava a todos de *segredo* e segui facilitando.

Aconteceu que a representante da cliente falou que ela sabia do *segredo*, mas que não podia falar por não ter autorização. Então a representante do pai na mesma hora pediu a palavra e disse: *Eu te autorizo. Por favor, fale! Eu preciso desesperadamente que esse segredo seja falado*! Mas a representante da cliente não conseguia falar de jeito nenhum, então eu pedi à representante do pai, que ansiava pela revelação, que dissesse para a representante da irmã que fora abusada: *Sinto muito, filha, se te machuquei. Sinto muito se te molestei em lugar de te dar amor e proteção.*

A representante do pai repetiu muito emocionada e falou: *Que alívio gigantesco! Parece que saiu uma bola de fogo da minha garganta! Sinto a palavra 'abuso'. Foi abuso! Eu abusei! Sinto muito! Também fui abusado! Sinto muito, filha!*

A representante da irmã da cliente disse: *Não sei se foi abuso. Posso ter me enganado...* e a representante do pai respondeu: *Não se enganou. Foi abuso. Sinto muito!*

Esse é um dos aspectos perturbadores do abuso sexual na família: a vítima carrega culpa por não conseguir definir intenções e ações com clareza. Fica tudo muito misturado com o amor natural de filha ou filho.

Naquela altura o segredo fora revelado, mas era claro o não julgamento moralista. Algo muito maior estava em jogo: a libertação para que pudessem seguir o caminho de evolução. Graças a Deus, a cliente, apesar de abalada, estava se sentindo amparada por uma condução extremamente amorosa. Nesse caso, a cura ou a liberação necessitava que o pai, através da representante, assumisse o que fez. O ato precisava ser dito claramente com todas as letras, segundo a moça que o representava. Relatou que sentia essa necessidade com todo o seu ser e antes de verbalizar, a sensação era de que sua garganta continha uma bola de fogo. Vale dizer que durante sua vida, esse pai foi alcoólatra.

Diante da revelação, a representante da mãe saiu do mal-estar que fazia suas pernas bambearem e que lhe dava vontade de vomitar desde o início. O representante do tio, que abusou da cliente, mergulhou em arrependimento. Cada pessoa sentia muita emoção pelo assunto finalmente ter vindo à tona. Nesse trabalho específico, não olhamos para a geração do avô pois já tínhamos encontrado o ponto de amor interrompido para trabalhar, mas provavelmente os dois irmãos, pai e tio haviam sido abusados e reproduziram a dinâmica.

Essa consciência não isenta em nada a responsabilidade dos abusadores, e coloca uma lente de aumento na existência do ciclo de repetição que agora pode finalmente ser encerrado. Ao fim, eu ia trazendo palavras de autoliberação, e cada representante ia se sentindo leve por ter soltado as correntes que arrastaram por gerações.

A representante da cliente expressou que não sabia explicar como aconteceu, mas que agora o que sentia era que não havia culpados, apenas vítimas do desamor e da falta de consciência. Ela se sentia banhada por uma luz Divina de limpeza e proteção. Confessou que até aquele instante se sentira indigna e agora parecia renascer como uma nova pessoa. O motivo da procura pelo trabalho, que era o conflito com a irmã, também foi pacificado espontaneamente durante a Constelação, porém o mais importante foi que a cliente se sentia transformada e, nesse novo estado de espírito, estava pronta para transformar de verdade sua vida.

Aceitar as escolhas do passado

Nesse trabalho surpreendente é visível a regência de um Amor Sistêmico que nos impulsiona para a evolução pessoal e coletiva através de erros e acertos, dores e alívios. A pessoa que se sentia vítima e queria se vingar decide se presentear com a liberação do peso de ser algoz de quem lhe machucou. Isso traz um alívio imensurável, que abre caminhos, gerando expansão, saúde física, emocional e espiritual.

Na Constelação Familiar, temos a oportunidade única de ser a pessoa que solta as correntes que foram arrastadas por várias gerações. Essa autoliberação, que acontece a partir da visão ampliada, traz inclusive a capacidade da compaixão que liberta. O que não significa concordar com a atitude de quem machucou, mas sim enxergar o quadro maior. Essa compaixão é um sentimento elevado que chega com a compreensão de que a pessoa que não nos deu o que esperávamos não tinha para dar, pois não recebeu.

Vemos também que, para a pessoa que sofreu com o evento de dor, é mais difícil dar esse passo, mas aqueles que estão representando têm mais facilidade por não estarem envolvidos diretamente nos acontecimentos da vida real da família. Com o tempo, uma reeducação do olhar vai acontecendo para todos que vivenciam esse trabalho. Se ainda não conseguimos soltar nossos algozes, vamos aprendendo a fazê-lo através da história do outro.

A consciência vai tomando conta do nosso ser, pois nos coloca no lugar de não julgar nem condenar, já que somos resultado de um sistema ancestral e social, do qual só nos libertarmos quando aceitamos as escolhas do passado, reconhecendo que cada um fez seu melhor naquele momento. Só com essa postura conseguimos olhar para frente e dar novos passos.

Aprendendo a se perdoar

Assim, vamos aprendendo também a nos perdoar, aceitando o que nos envergonha e tendo a coragem de sair da culpa paralisante para nos tornarmos seres mais conscientes e amorosos. A história a seguir ilustra bem isso. Foi um caso que acompanhei de perto, me marcou e trouxe algumas reflexões.

Uma mulher havia decidido ter filhos junto com seu marido e por duas vezes sentiu seu bebê no ventre, com o coração de mãe em êxtase pelo presente recebido. Mas, nessas duas concepções, abortou espontaneamente. Seu fruto havia caído da árvore antes do tempo, como uma fruta pêca, deixando o gosto amargo e a sensação de não merecimento de uma gravidez saudável.

Por ter sofrido dois abortos espontâneos muito próximos, ela decidiu com o marido aguardar um tempo maior. Evitariam a gravidez até se restabelecerem das dores emocionais, quando surgiu a oportunidade de constelar e ver o motivo espiritual da partida dos bebês.

Na conversa que antecede a abertura do trabalho, a mulher contou que, antes desses dois abortos espontâneos, ela havia provocado outros dois. O primeiro aos 18 anos, quando engravidou de um namorado pelo qual era perdidamente apaixonada. Era uma relação de codependência clara e que a havia feito sofrer por conta dos jogos de ciúmes, criando traumas que só agora ela estava podendo identificar e transformar. Ela contou que tinha sido guiada pelo medo de não dar conta e decidiu interromper a gravidez.

O segundo aborto havia acontecido no final de uma outra relação, que já durava alguns anos quando ela engravidou. E percebendo o desinteresse do companheiro pela gestação, com o apoio dele, decidiu abortar.

Nas duas vezes a dor havia sido imensa, e ela precisou congelar o coração para cumprir sua decisão. Ela lembrou que na época se convenceu de que o aborto era algo sem grandes significados, sem maiores consequências. Mas ali, na conversa, a ficha começava a cair: existem consequências por cada atitude que tomamos em relação à vida do outro. Principalmente se essa decisão vai impactar na vida ou morte de um filho.

A Constelação Familiar começou reproduzindo apenas movimentos essenciais da dinâmica, porém, durante o processo, a mulher, que estava apenas assistindo, se permitiu lembrar de detalhes que havia bloqueado da memória por serem fortes demais. Aos poucos ia se permitindo sentir toda vergonha e culpa que escondera de si mesma.

Sua representante demonstrava grande sofrimento, e o representante do primeiro aborto se sentia só. A facilitadora ia trazendo palavras e movimentos de acolhimento que aos poucos se tornavam orgânicos e curativos para cada um dos envolvidos.

Através da vivência do trabalho fenomenológico, a mulher suportou experienciar o impacto de sua ação e chorar tudo o que precisava ser lavado para limpar um pouco da culpa em seu coração. Assistia profundamente tocada sua representante dizer para o filho ou filha não nascida: *Agora vejo minha dor. Agora posso te ver e te dar colo. Você tem um lugar de primeiro filho no meu coração. Eu sinto muito! Eu sinto muito!*

Durante o processo a cliente ia lembrando de como tudo aconteceu no dia fatídico. A dor física, a tontura, o torpor no corpo e na alma. Recordou que no segundo aborto não teve a companhia do seu marido. Ele disse não tolerar ambientes clínicos. Ela foi com uma amiga do casal, que também já havia provocado abortos e conhecia um médico que fazia isso de forma clandestina.

Mais uma vez a mulher assistiu o sofrimento dos representantes, agora com mais coragem de mergulhar na dor da culpa, graças ao benefício do tempo, que ameniza o impacto e permite rever o que na época ela não foi capaz de enxergar e suportar. A Constelação manifestou a informação de que essa segunda gravidez trazia gêmeos, e a mulher, assim como sua representante, puderam chorar ainda mais.

O que foi revelado através do comportamento e sentimento dos representantes é que os filhos mais recentes que passaram pelos abortos espontâneos estavam identificados com os irmãos que não tiveram permissão para ficar na vida e, por lealdade aos anteriores, quiseram partir. Enquanto chorava, a mulher ia desbloqueado as águas de mágoas ou más águas contra si mesma, que agora liberadas podiam finalmente transbordar de dentro para fora, limpando o coração e de novo se alinhando com a força do rio da Vida.

A mulher acolheu dentro de si seus filhos não nascidos por abortos provocados e espontâneos, reconhecendo as dores, amenizando as culpas e reintegrando seres que representavam partes de seu coração deixadas pelo caminho.

Três meses depois, a mulher engravidou e teve uma gestação saudável.

Onde tem medo, o amor não pode fluir

Como falamos anteriormente, umas das características mais lindas da Constelação Familiar é a necessidade de inclusão de todos. A mãe que aborta tenta esquecer porque a dor pelo que fez é insuportável. Porém, o sentimento de perda e a culpa só amenizam quando ela olha para a ação, se responsabiliza, chora o luto, trazendo consciência e abrindo o coração para incluir o filho não nascido.

Já vi Bert orientar que a mãe pode assumir a gravidade da sua escolha e dizer amorosamente: *eu matei você*. Claro que é uma fala forte, mas de fato quando nos alinhamos com a Verdade, temos acesso a uma força transformadora. Enquanto estamos na fantasia de que o aborto não causa marcas profundas, não podemos agir para integrar acolhendo aqueles que deixamos desamparados. A partir da tomada de consciência e da dor que chega com a fala verdadeira, existe força psíquica para realmente mudar nossa consciência.

Aprendemos que ninguém erra porque quer. A pessoa só erra quando não sabe. Muitas mães que decidem fazer um aborto, o fazem por amor, achando que é o melhor para seu filho. Mesmo que algumas vezes esse *melhor* seja poupar o filho de uma mãe que ainda não está apta a cuidar como ele merece, pois muitas mulheres inconscientemente não se sentem dignas de ser mãe. Outras sentem medo de perder a liberdade e isso nasce de uma postura equivocada, baseada na carência. Essa mulher ainda não sabe que a vida é uma escola e se tornar mãe pode ser a maior bênção de sua existência.

Esses medos de não ser capaz ou de perder algo por causa da maternidade muitas vezes são herdados, inconscientes. Mulheres de gerações passadas podem ter sofrido muito com a maternidade e a pessoa ainda não sabe que pode viver algo diferente de suas ancestrais. A escolha de abortar provoca dores insuportáveis que a mãe tenta negar e esquecer. Além dela, esse filho não nascido em alguns casos permanece em sofrimento, sem conseguir seguir seu caminho, pois a relação mãe-filho traz em si o emaranhamento mais poderoso de todos, fazendo com que o filho esteja conectado às dores reprimidas da mãe.

Portanto, a Constelação Familiar reconhece que a decisão de abortar nasce do amor distorcido pela inconsciência da mãe em relação a seus medos, crenças de não merecimento, incapacidade, ligação com a morte por lealdades invisíveis etc.

O trabalho, então, identifica a origem da dor que foi anestesiada e o despertar da sensibilidade traz a reintegração do filho que, na Alma sistêmica poderá viver através da mãe. Ela então faz as pazes com a Vida soltando a autocondenação que trava sua expansão e só perpetua o sofrimento de todos os envolvidos. Se perdoa.

Não podemos perdoar ou liberar o outro, pois não temos a capacidade de entrar em seu coração. Só Deus pode fazer isso. Mas nós podemos nos perdoar.

Essa mãe poderia ter escolhido gestar para ter a oportunidade de superar seu próprio medo de lidar com as heranças negativas? Claro que sim. Isso acontece na maioria dos casos, porém, na falta de consciência, a pessoa está sujeita a tomar a decisão pelo medo e não pelo Amor. Onde tem medo, o Amor que cura não pode fluir.

Percebo que o direito de escolha da mulher sobre o próprio corpo realmente pode ser visto como legítimo, porém, se essa mulher não conhece as consequências espirituais dessa escolha, ela vai arcar com efeitos muitas vezes devastadores sem ter sido avisada.

É como você dizer para alguém diante de três caixas fechadas. Você tem o direito de escolher colocar sua mão em qualquer caixa, o corpo é seu. Duas caixas estão em lugares difíceis de chegar e uma delas com aparência convidativa está bem perto, sem nenhum obstáculo. Porém, não foi avisado que a caixa mais próxima e atraente tem dentro dela uma cobra venenosa. Portanto, a pessoa que ainda é imatura pode se sentir tentada a escolher o aborto, porque parece mais fácil, mas ela não foi ensinada sobre o impacto profundo dessa ação para o resto de sua vida.

Chorar as perdas para retomar a vida

Algumas mulheres se sentem tão culpadas que inconscientemente, acabam manifestando doenças, depressão, se movem para a morte. No entanto isso não traz libertação e cura. Essa mãe pode aprender com o que aconteceu e viver de forma mais consciente. Arcar com as consequências espirituais, lidar com o que fez de maneira adulta saindo da expiação que leva inconscientemente para a morte. O Amor Sistêmico entende que a inclusão do não nascido no coração de sua progenitora possibilita a paz para ambos.

A Constelação Familiar oferece a possibilidade de movimento, pois nada acontece se o coração está insensível. O trabalho traz a experiência do encontro para que as lágrimas, que purificam a dor e a culpa, sejam derramadas sem economia, fazendo aflorar o sentimento mais profundo e visceral: o amor de mãe.

Não é fingir que nada aconteceu e também não é morrer pelo que aconteceu. É viver pelo que aconteceu! Plantar Vida no lugar da dor e não morte.

A evolução da espécie está mais interessada em te ver soltando a corrente e se permitindo dar novos passos.

O castigo é uma pena autoimposta, que vai lapidando o diamante até um dia sua transparência te revelar a verdade: a vida pede que você chore pelo que perdeu, aprenda as lições e se permita retomá-la com alegria e gratidão pela oportunidade de recomeçar sem os equívocos do passado, que foram cometidos porque você ainda desconhecia o Amor que nos rege.

Precisamos ter coragem de inaugurar um novo capítulo na experiência da família humana. Ser capaz de viver a paz no coração, ser capaz de se perdoar sabendo que seus bebês não nascidos serão beneficiados com essa liberação do sofrimento, assim como você e todo o sistema. A Constelação Familiar é um trabalho que age sempre por todo o sistema, pois nos vê como parte de algo maior. Somos uma porta para o inconsciente de clã, que conecta cada ser que dele faz parte.

Da mesma forma, essa abordagem terapêutica traz possibilidade de liberação para todos que participam da vivência. Como disse, aos poucos vamos tendo comprovação constante de que ninguém está naquele grupo por acaso e que não é escolhido aleatoriamente para representar um papel. É comum escutar de um representante que se sentiu profundamente constelado através da constelação de outra pessoa. Às vezes essa consciência de autoliberação chega para quem está apenas assistindo.

> *"Erguia-se para uma nova manhã, docemente viva. E sua felicidade era pura como o reflexo do sol na água."* — Clarice Lispector

ENCONTRO COM O FILHO NÃO NASCIDO

Você pode fazer um ritual simples como seu coração sentir. Pode colher flores e montar um altar sagrado com um cristal ou outro objeto para representar seu filho não nascido. Ou simplesmente fechar os olhos e imaginar um raio de luz.

Diga com Verdade e Amor:

Filho amado, filha amada,

Você fez muita falta. A dor da sua perda foi tanta que precisei anestesiar meu coração para seguir em frente.

Agora posso sentir minha dor... Agora posso te ver.

Você faz parte e tem seu lugar de pertencimento na família. Te dou colo... canto para você.

Eu sinto muito! Eu me perdoo pela minha inconsciência. Solto a culpa e as correntes.

Saio do mundo da morte e te honro me conectando com a Vida, te levando no meu coração. Nada aconteceu em vão. Estamos sob a regência do Amor.

Eu te abençoo para que siga sua jornada sagrada de evolução.

Eu te amo.

O que fica do que foi?

Lembre se você já passou pela experiência de um aborto.

Às vezes um sangramento mais forte pode representar uma perda e você estava tão distraída com a vida que não deu a devida atenção.

Se você realmente não teve essa experiência ou se é homem, pense em alguma perda significativa.

Pegue uma folha e faça um desenho para cada perda. Dê um nome, cante uma canção.

Faça dela um altar sagrado que depois você pode escolher se irá materializar.

Chore, ria, diga o que está em seu coração.

Se tiver oportunidade, cultive uma planta ou plante uma árvore em homenagem ao que ficou para trás. Agradeça a experiência. Nada foi em vão.

15
Terapia sistêmica fenomenológica integrativa

> *"E conforme deixamos nossa própria luz brilhar, inconscientemente damos às outras pessoas permissão para fazer o mesmo. E conforme nos libertamos do nosso medo, nossa presença, automaticamente, liberta os outros."* — Nelson Mandela

Passadas algumas décadas do meu primeiro contato com a Constelação Familiar, a vida me colocou diante de uma abordagem sistêmica específica, que propõe a reunião de três caminhos sagrados para mim: Arte, Constelação Familiar e Xamanismo. A TSFI, ou Terapia Sistêmica Fenomenológica Integrativa, simplesmente resgata aspectos de algumas das bases das Constelações Familiares de Bert Hellinger: a manifestação de memórias no corpo que ele explorou na Terapia Primal; os elementos do Xamanismo que foram integrados lá atrás através do contato com os povos Zulus; e a linguagem simbólica arquetípica do inconsciente coletivo que também se expressa amplamente por meio da Arte, nesse caso, voltada para o propósito terapêutico, como foi utilizada por Jung.

De maneira pensada ou não, Bert retirou das Constelações Familiares essas identificações e, com isso, deixou a abordagem com o essencial para que fosse aplicada em todos os setores da vida e por qualquer pessoa bem-preparada. Portanto, não é necessário ter outros conhecimentos além da compreensão profunda das Ordens do Amor aplicadas em todas as áreas e principalmente, muitas horas de vivência no Campo. Dessa forma, a Constelação entrou nos mais variados segmentos da sociedade, mesmo despertando algum preconceito, o que é compreensível por ser algo tão novo com resultados tão impressionantes.

Está mais do que provado que a prática funciona com o essencial e que não é preciso ser um psicólogo, como Bert pensou a princípio. À medida que foi se desenvolvendo dentro dessa ciência revolucionária, ele pôde ver que a Constelação Familiar vai muito além de ser apenas uma abordagem terapêutica. Ela é uma filosofia aplicada, uma ajuda para a vida!

Hoje a Visão Sistêmica das Constelações Familiares está nas empresas, na medicina, na psicologia, na pedagogia, no Sistema Único de Saúde (SUS), no judiciário e em novas áreas que vêm surgindo, como por exemplo na Arte. Essa cosmovisão traz a possibilidade de desatar os nós do passado para que a saúde física e/ou relacional sejam reestabelecidas e a vida volte a fluir. Além da reintegração no sistema de origem, é possível se reconectar com a força da pátria-mãe ou terra natal, da mãe natureza, da cultura e de vários outros elementos estruturantes do nosso universo psíquico.

Esse resgate pessoal traz inteireza e ajuda as pessoas a desenvolverem um pensamento autônomo e lúcido, o que as coloca menos sujeitas ao movimento de manada. Deixam de ser massa de manobra social e política, enxergando a dinâmica hipnótica dos desejos construídos pela indústria de consumo, passando a se responsabilizar pela própria história e indo além da relação materialista. Quando observamos o efeito surpreendentemente rápido de resgate da força pessoal e da saúde psíquica pela

Constelação Familiar, fica claro o motivo de algumas indústrias, como a farmacêutica, desaconselharem o método.

Dependendo do grau de consciência de cada constelador e da sua bagagem de vida, a maneira de facilitar trará suas particularidades, e o próprio Bert mostrava entusiasmo de ver seu trabalho se desenvolvendo e ganhando novas faces. Afinal, a diversidade é a fonte de riqueza da natureza. Somos múltiplos, e a forma de comunicar precisa ser diversa para atender à variadas demandas.

Onde tudo começou

A história da TSFI começa com uma mulher, filha de mãe suíça e pai brasileiro, que cresce escutando MPB, tendo esse hábito como um refúgio que naturalmente se transformou em paixão. Diplomada em psicopedagogia na Venezuela e graduada em psicoterapia somática na Suíça, Alexandra Caymmi desenvolveu métodos inovadores para a relação socioeducativa com crianças traumatizadas.

Aluna de Bertold Ulsamer, discípulo de Bert, inicialmente Alexandra sentia e cantava músicas no Campo durante a Constelação. Essa particularidade se fortaleceu devido ao seu efeito transformador, até que ela percebeu que deveria desenvolver um trabalho próprio. Guiada por uma conexão profunda com o Campo, Alexandra seguiu sua intuição que, a meu ver, está alinhada com as possibilidades de desenvolvimento que a Constelação oferece. Isso fica bem claro no trecho do livro *O amor do espírito* que citei anteriormente, mas agora trago o trecho mais completo para este caso:

> Muitos psicoterapeutas encontram-se presos a uma determinada visão de mundo que se ergue tal como um muro à sua volta. Não conseguem

> ir além dela, a não ser que se abra uma nova janela ou uma nova porta. Quero dizer algo sobre este cativeiro. Pessoas que pertencem a uma determinada escola psicoterapêutica ou a um determinado partido, religião ou profissão encontram-se em um campo morfogenético. Rupert Sheldrake investigou tal fato mais de perto. Morfogenético significa: quando alguma coisa se desenvolve segundo um determinado padrão, mais tarde esse padrão determina o que acontecerá nesse campo. O padrão se repete. Quem entrar mais tarde nesse campo terá dificuldades em se abrir para novas concepções, pois o campo assume o comando de modo amplo. Este campo morfogenético age como uma consciência. Quando os membros se permitem pensar sobre algo, de forma diferente, de repente se sentem desconfortáveis ou até mesmo com medo e sentirão a consciência pesada. O trabalho das Constelações Familiares também não está isento da possibilidade de formar um campo morfogenético. Existe apenas uma saída. Mantemo-nos constantemente abertos para o novo, como os olhos de uma criança que descobre algo novo a cada dia. Muito do que vi aqui não pode ser reduzido a algo que já disse, escrevi ou fiz antes. Isso só pode ser experimentado quando nos abrimos para o novo e para o desconhecido. [11]

Portanto, se permitir ampliar é uma bênção e proteção contra o *cativeiro do espírito*, termo usado pelo próprio Bert para se referir a todos que ficam presos inconscientemente em Campos Morfogenéticos.

Assim, a TSFI é criada resgatando a expressão do corpo, os arquétipos, incluindo a representação dos orixás oriundos da mitologia africana,

---

11 Hellinger, Bert. O amor do espírito. Belo Horizonte: Atman, 2021.

os elementos da natureza, a música, a arte, mas também uma cosmovisão um pouco transformada. Nessa nova abordagem, Alexandra Caymmi considera como aspectos estruturantes do Ser: o corpo, o coração e a alma, revelando uma similaridade com as dimensões material, emocional e espiritual.

Terapia Primal e Grito Primal

Antes de Bert Hellinger encontrar seu lugar (temporário)[12] no meio acadêmico da psicologia, ele mergulhou em várias práticas disruptivas de sua época, como a já mencionada Terapia Primal e o Grito Primal, de Arthur Janov.

Depois de se encantar com as dinâmicas de grupo na época que morava na África do Sul, já de volta à Alemanha, Bert se depara com esse método inovador, cujo processo acontece através de manifestações intensas do corpo. Só para você ter uma ideia, o espaço de atendimento da Terapia Primal precisava ser fechado e ter colchonetes por todo o chão para a privacidade e proteção dos clientes.

O próprio Bert relata algumas sessões em que ele era o cliente e viveu catarses viscerais e libertadoras de traumas da época que foi obrigado a combater na Segunda Guerra Mundial ainda muito jovem. Ou seja, a expressão corporal como canal de informação do inconsciente pessoal e coletivo está na base da experiência de Bert, que, durante os primeiros anos de atendimento em sua casa, construiu um espaço para a experiência

---

12 Bert Hellinger esperou um tempo para ser aceito nos meios acadêmicos e, quando isso aconteceu, não durou muito. Seus colegas desaprovavam sua busca por novas abordagens terapêuticas. Então, Bert resolve seguir seu caminho fundando a própria ciência: a Hellinger Sciencia.

da Terapia do Grito Primal, e foi assim que conheceu muitas pessoas desse universo.

Além disso, Bert bebeu das águas da Escultura Familiar, que emergiu como terapia experiencial simbólica por Carl Whitaker, Virginia Satir e Peggy Papp, no início do desenvolvimento da terapia familiar, uma das origens da Constelação. Nesse método, membros de uma família assumiam posturas corporais como uma escultura humana. Através da colocação de seus corpos no espaço, expressavam pensamentos e sentimentos que iam surgindo e revelando estruturas ocultas das relações familiares. Processo dinâmico, simbólico, não linear, no qual as pessoas não usavam palavras e se moviam intuitivamente.

Desse modo, os eventos eram percebidos, vividos intensamente e colocados em movimento de liberação. Portanto, a Escultura Familiar se expressava através da linguagem corporal, metafórica e simbólica, exatamente como é sugerido no processo terapêutico da TSFI.

Trago mais uma colocação de Bert Hellinger, agora sobre sua visão da arte e música, elemento fundamental na TSFI:

> O essencial. O que significa isso? Quando contemplamos as coisas, quando contemplamos um problema, quando procuramos por uma solução, como podemos captar o essencial?
> O essencial não é passível de observação. O essencial é aquilo que se oculta por trás da aparência e que, de repente, quando nos encontramos centrados, revela-se para nós por conta própria. Toda criação artística se funda no reconhecimento de algo essencial, que não pode ser observado e que, no entanto, aparece na obra artística. É o essencial que toca a alma, apesar de não ser passível de observação.

> Para mim a música expressa tal fato de forma grandiosa. Ninguém pode observá-la e, mesmo assim, ela nos transmite algo que está para além do observável, toca a nossa alma e também a cura.[13]

O impacto transformador da TSFI

Portanto, a TSFI amplia o olhar, se libertando de qualquer proibição de manifestações genuínas do Campo. Imagine o impacto que foi para mim encontrar num mesmo trabalho a Arte, a Constelação Familiar e o Xamanismo? Foi simplesmente irresistível e, depois de frequentar os encontros de Claudina Ramirez por mais de ano, me inscrevi na formação, que é conduzida por ela e dura em média trinta meses.

No meio do processo, comecei a facilitar gratuitamente. Como eu disse, o treinamento é parte fundamental da prática. Eu não podia cobrar, pois não era formada, e as pessoas sabiam da minha condição. Desse modo, eu tinha uma longa lista de espera e facilitava Constelações virtuais diariamente.

Estávamos na pandemia de covid-19 e boa parte do meu treinamento foi virtual. Como o processo acontece numa dimensão *não local*, como já foi dito, não há nenhuma diferença na eficácia do trabalho, seja presencial ou virtual. A força transformadora e resultado positivo é o mesmo. E a necessidade me trouxe a grande oportunidade de ter uma boa experiência facilitando virtualmente também. Agradeço especialmente a Viviane Chequer, amiga e psicóloga respeitada em Salvador, que foi a primeira pessoa a *exigir* que eu a constelasse, não aceitando meus argumentos de que eu ainda não estava preparada. Ela foi a cliente número 1, e o que eu senti no lugar de facilitadora foi um divisor de águas na minha vida.

---

13 Hellinger, Bert. Histórias de Amor. Extrema: Atman, 2021, p. 129

Por que nessas quase três décadas de contato com a Constelação Familiar nunca havia pensado em ser facilitadora? Primeiro, porque, como você já sabe, eu colecionava inconscientemente alguns medos; e, depois, porque sempre soube da gigantesca responsabilidade que é abrir o Campo de uma pessoa para operar um trabalho tão profundo e transformador. Isso realmente só pode ser feito quando a pessoa está pronta para deixar seu ego um pouco de lado, enquanto o Campo e o movimento do Espírito faz o que precisa ser feito.

Eu tinha medo, e, antes dessa experiência com a Vivi, tive uma passagem inesquecível no primeiro módulo da formação. Foi antes da pandemia, então fizemos presencial, e nos dividimos em grupos para um exercício sistêmico. No meu, estava Claudina Ramirez. Fui sorteada para ser sua cliente numa Constelação e pedi para olharmos para os meus medos.

O que se revelou foi a informação de que eu estava *sendo preparada para assumir lugares inteiramente novos*. Lembro que, diante dessa declaração, vindo de um representante extremamente sensível e da confirmação de Claudina, eu literalmente caí no chão aos prantos. Não queria esse lugar de jeito nenhum! Um pedacinho do meu Ser sabia que aquilo era verdade, mas a maior parte de mim esperneou no chão, pedindo que Deus me liberasse desse peso de responsabilidade. Aos poucos, Claudina foi me acalmando, e, a partir daquele momento, tratei de educar meu ego para transformar o medo em coragem e me colocar a serviço da Vida.

Como citei, Claudina Ramirez é a pessoa que conduz a formação na Bahia e a própria Alexandra, na Suíça. A minha chegada em Claudina foi algo orquestrado pelo Campo. Eu havia oferecido a casa de minha mãe, onde estava hospedada para um encontro de mantras indianos. Foi a única vez na vida que esse encontro aconteceu lá. O fato é que um rapaz, que eu não conhecia, chegou atrasado, tirou seu violão e começou a cantar conosco. Concluída a cantoria dos mantras, resolvi acender uma fogueira. Quando João Pesente, aquele rapaz, me viu tocando tambor e cantando hinos xamânicos diante do fogo, disse: *Você precisa conhecer um lugar.*

Então nos contou que havia chegado atrasado porque estava fazendo formação em Constelação Familiar TSFI nesse local, e que eu deveria ir. Também confessou que estava exausto porque ele havia passado por quatro dias de processo intenso e que não sabia explicar como tinha obedecido ao chamado forte de ir ao nosso encontro. No dia seguinte, eu estava com Claudina, nos dando conta de que tínhamos sido colegas de escola e descobrindo uma afinidade profunda e verdadeira. Não era só um reencontro de colegas, mas de almas.

Eu ia tanto às Constelações de Claudina que minha mãe reclamava que eu não morava em Salvador, e, quando estava lá, em vez de ficar com ela, ia para os encontros com Clau. Então, comecei a levar minha mãe, que sempre adorou participar e conhece o método desde o início da minha jornada. Lembro de Cida Rabelo passando dias em Salvador, na casa de meus pais, e constelando toda a família embaixo da mangueira no quintal da casa em que cresci. Até hoje minha mãe é frequentadora assídua, e vejo com clareza sua entrega e evolução pessoal.

Novas formas de expressão

Baseada na ciência que é consciente da multidimensionalidade do Ser, fica claro porque a reconfiguração de cenas familiares pode reconstruir nossa estrutura psíquica. É isso que o trabalho sistêmico familiar faz: revela a história não contada, a verdade por trás das aparências ilusórias e da percepção da criança. Então, a nova cena que traz provas de sua veracidade é imediatamente acolhida pelo constelado, ressignificando acontecimentos que geraram traumas e bloqueios da força pessoal.

Como você pode ver, esse campo não tem limites de linguagem. Não pode ter, porque a alma pessoal e coletiva é livre por natureza. Livre, inclusive, para se colocar numa prisão. Foi o que mais fizemos em nossa história. Porém, os tempos são outros, e já podemos sair da caverna.

Dentro da autopermissão para assumir a condição de liberdade e responsabilidade que sempre tivemos, mas que só agora enxergamos, a TSFI é uma dessas novidades que rompem com a aparência mais aceita socialmente e ousa trazer novas formas de expressão, e que muitas vezes surpreende no primeiro momento, mas logo encontra acolhimento por ser familiar, por tocar em verdades esquecidas.

Portanto, são as manifestações de linguagens corporais naturais, muitas vezes excluídas do processo por preconceito ou falta de conhecimento. É o retorno da espontaneidade da criança interna, nossa dimensão mais criativa e guardiã da verdade.

O poder do SIM

A autopermissão para a expressão da totalidade do Ser se alinha a uma ferramenta poderosa na Consciência Sistêmica: o sim. A concordância com o que se apresenta, sem medo e sem resistência. Uma das maiores fontes de desarmonia é a tentativa de manipulação da verdade. O desejo de consertar as coisas impede a pessoa de enxergar a mensagem que cada acontecimento traz. No entanto, se aceitamos os eventos como são, temos muito mais possibilidade de perceber a condução da Vida.

Dentre os eventos incomuns que são considerados tabu, temos a manifestação de energias intensas no Campo, e pode parecer que o representante incorporou uma entidade. Vejo que muitos colegas não sabem o que fazer com isso, e a solução costuma ser reprimir a expressão mais forte do representante, pedindo para ele reduzir o impulso. Como a TSFI deixa a expressão do corpo mais livre, é comum que antes do trabalho o facilitador traga a orientação para que a incorporação não aconteça no processo, pois se trata de um trabalho terapêutico. Existem outros lugares apropriados para tal, e não concorremos com eles. Isso é dito de forma clara e amorosa quando o facilitador sente que é preciso.

Por isso, a TSFI desaconselha a incorporação, mas, se aparecer uma expressão mais intensa, precisa ser acolhida e transformada sem reprimir ou negar. Aliás, pode acontecer em qualquer Constelação, inclusive nas mais tradicionais. Tem facilitadores que sentem medo ou simplesmente querem controlar o fenômeno. Mas muitas vezes o que vai desbloquear o amor naquela família é justamente aceitar manifestações espirituais que foram condenadas e excluídas do sistema no passado. Estamos falando de um país que se formou em fortes bases espiritualistas originárias das culturas indígena e africana, entre outras. Estamos falando de uma história que trouxe muita repressão da igreja católica sobre manifestações ritualísticas legítimas. Portanto, se sufocamos o que quer se mostrar, estaremos reproduzindo a dinâmica que gerou o bloqueio.

Hoje vejo que minha experiência profunda no Xamanismo me trouxe algumas ferramentas para lidar com esses momentos um pouco mais desafiadores. Afinal, já vivi quase tudo o que se pode imaginar em termo de manifestação de energias intensas. A principal ferramenta que carrego é a tranquilidade e o centramento firme diante do que está acontecendo. Depois trago com muita confiança os hinos espirituais que tenho aprendido há mais de uma década. Não reprimo. Aceito e confio em tudo o que o Campo traz, pois vejo a importância de deixar que energias mais potentes atravessem o corpo para que algo profundo se mova trazendo um novo estado de espírito.

Sem negar, direciono e facilito a liberação do que se apresenta. O corpo é nosso inconsciente materializado. Portanto, um poderoso canal de transformação.

Se não dizemos **sim** para o que é, alimentamos um mundo de ilusão ou negação, que não tem base para mudanças significativas. Desse modo, vejo a TSFI aberta às particularidades de cada sistema, aceitando que o Campo não pode se manifestar em toda a sua potência de transformação dentro de um ambiente controlado e temeroso da própria força. A seguir, Claudina Ramirez, formadora de Constelação Familiar TSFI, comenta: "Para mim, a principal diferença da TSFI é agregar a Arte. Quando cantamos e dançamos durante o trabalho, percebemos que muitas informações circundam a lógica analítica e fazem transformações profundas na alma e psique de clientes e pessoas que assistem. Outro ponto é o que está acontecendo no aqui-agora, dentro do cliente. Poder colocar um representante para o coração e para o corpo do cliente e facilitar a escuta dessas estruturas, que não estão sendo vistas por causa da fidelidade inconsciente pela qual a pessoa está atuando na vida, causa uma transformação imediata e muito profunda."

> *"O que você nega te submete, o que você aceita te transforma. Aquilo a que você resiste persiste."* — Carl Gustav Jung

RECEBENDO A PERMISSÃO DA MÃE INTERIOR

Busque uma figura de revista que represente a Mãe. Algo que você olhe e, no mesmo instante, se sinta acolhido.

Pode ser uma figura de uma mulher comum, ou Nossa Senhora, Iemanjá, uma árvore, uma flor, um berço, uma peça de roupa, um prato de comida, algo que seja símbolo de maternidade para você.

Cole a figura nesta página e, se quiser, complete o quadro com desenhos. Olhe para sua arte. Se sentir vontade, pegue um objeto que invoca a presença da mãe.

Observe as sensações que sua arte provoca.

Perceba que você tem uma mãe dentro de você. Ela está se expressando através da sua arte.

Feche os olhos e observe se tem vontade de movimentar seu corpo para expressar o sentimento maternal. Dance, se abrace.

Se sinta acolhida e nutrida por sua mãe interior. Se sinta abençoada para ser o que é.

16
Expansão da consciência

> *"Nenhuma árvore pode crescer até o céu, a menos que suas raízes cheguem até o inferno."* – Carl Gustav Jung

No processo de autoconhecimento, a primeira mirada no espelho da verdade costuma ser chocante, pois, ao cair o véu da ilusão, passamos a ver nossa luz, mas também nossa sombra. Conhecer a nossa sombra traz humildade. Conhecer a nossa luz traz responsabilidade. É quando enxergamos que temos tudo o que é necessário para fazer o trabalho. Não há mais desculpas para delegar aos outros o que só nós podemos fazer por nós mesmos.

É a chance de tomar as rédeas da vida e trabalhar no único lugar onde realmente podemos operar alguma mudança: o mundo interno. A consciência sobre nossos aspectos destrutivos nos permite iluminar para transformar, trabalhando na aceitação do que somos.

Enquanto essa consciência não chega, vagamos pelo mundo como zumbis, adormecidos na ideia de que o outro ou o mundo estão errados, contra nós. Esse é o verdadeiro umbral da alma, pois a verdade é que projetamos na tela do mundo o que carregamos internamente, como se estivéssemos em um quarto de espelhos. O mundo interno e o externo não são separados, mas dimensões interligadas, onde um reflete o outro.

> *"A boca fala do que o coração está cheio."* — Lucas 6:45

Existe um mecanismo básico de funcionamento do cérebro que gera o fenômeno da projeção. Cada ser é um universo à parte, porque somos uma complexidade infinita de experiências e significados, como se carregássemos dentro de nós um infinito particular. Esses conteúdos, frutos das vivências pessoais e ancestrais, criam o nosso olhar para o mundo. Cada processo de dor ou prazer será material para modelar os olhos com os quais vemos a vida, e assim duas pessoas jamais vão enxergar o mesmo evento de forma idêntica.

Até um objeto estático depende da subjetividade pessoal. Uma cadeira de madeira pode parecer acolhedora para alguém por lembrar o avô querido na fazenda; enquanto para outra pessoa trará medo devido a uma queda em uma cadeira similar que resultou em dor de perna quebrada.

Esse olhar pode ser tão autocentrado na própria significação que a cadeira parecerá linda para a primeira pessoa e horrível para a segunda, e, se elas estiverem inconscientes desse mecanismo, poderão brigar entre si por não concordarem com a opinião uma da outra. Assim se dão as guerras entre familiares ou nações.

Portanto, não olhamos para o mundo e simplesmente vemos o que está posto. O que enxergamos quando miramos para fora são nossos conteúdos experienciais. Ou seja, quando olhamos para o mundo, vemos a nós mesmos.

O perigo da inconsciência do mecanismo de projeção é que a pessoa fica incapaz de se distanciar momentaneamente da própria visão para se imaginar no lugar do outro e, com isso, acessar o olhar que diverge do seu. O poder de ver com os olhos do outro traz conciliação e é raro.

Quando acontece, está em alguém com características de líder, pois consegue se comunicar com cada visão de mundo na busca do bem comum, desapegando das próprias opiniões, sentindo o que o outro sente. É nesse ponto sensível das relações que a frase sistêmica vai atuar com enorme poder de reconciliação: *Eu vejo você!*

Projeção do eu no outro

Apesar de a projeção acontecer na construção dos conceitos sobre o que está fora, ela existe para nos auxiliar na construção da autoimagem. Quando ainda não demos conta de olhar para algum aspecto vergonhoso em nós mesmos, o cérebro irá projetar o que negamos internamente no mundo lá fora, pois, ao achar que o *defeito* está em outra pessoa, conseguimos olhar com menos resistência, muitas vezes nos sentindo até superiores. O objetivo do mecanismo é que nos aproximemos do aspecto negativo para em seguida reconhecê-lo em nós.

A questão é que se a pessoa não estiver aberta para o autoconhecimento, ela paralisa no nível de projeção e nunca estará madura o suficiente para ver e admitir que carrega a mesmíssima sombra que enxerga e condena *lá fora*. Portanto, o aspecto que ainda não reconhecemos em nós ficará obscuro até conseguirmos aceitar para transformar. Sem essa etapa de reconhecimento do que está no ponto cego não podemos evoluir ou expandir para explorar novos territórios internos.

Costumo dizer que depois que enxerguei minhas faces mais desagradáveis, que antes estavam em inconsciente negação, nunca mais tive coragem de apontar o dedo e condenar quem quer que fosse. Me conheço o suficiente para saber que carrego todas as possibilidades de aspectos luminosos, mas também sombrios, e trabalho para transformá-los.

Desse modo, paro de me incomodar com o que o outro é, pois a função da projeção já cumpriu seu papel: me colocar diante do espelho até que eu enxergue e aceite o que sou.

Eu idealizado

Nesse processo profundo de autoconhecimento existe um momento de travessia bastante desafiador. É quando passamos a enxergar nossas deformações de caráter que antes estavam escondidas e assim ficamos sujeitos ao sentimento de vergonha e/ou culpa que nos arrasta para baixo. Ou seja, é preciso passar pelo reconhecimento da própria sombra, mas é fundamental entendermos que a deformação na personalidade foi o mecanismo de defesa que tínhamos disponível, pois na maioria das vezes a distorção se instalou quando éramos apenas crianças. E se estamos conseguindo enxergar a sombra é porque agora também tem luz. O contraste nos traz consciência da Verdade.

Fizemos o que foi possível para uma criança, observando as ações dos pais e manifestando inconscientemente velhos hábitos vivenciados por muitas gerações. São heranças como máscaras para agradar, ocultação da verdade por medo da repreensão, vergonha da exposição, julgamento e autojulgamento, comparação, ciúme e inveja disfarçados etc. Ou seja, assim como os adultos que cuidavam de nós, incorporamos uma visão de mundo baseada na separação e, desse modo, passamos a esconder nossas fragilidades, marcas de humilhação. Não havia o modelo saudável de olhar para dentro, se reconhecer, se aceitar e expressar a verdade com acolhimento.

Me lembro com clareza da primeira vez que entrei em contato com esse conhecimento através de um dos meu professores vivos e bastante influente na minha caminhada: Sri Prem Baba. Tenho recebido conhecimentos poderosos e realmente transformadores de seu estudo de uma vida inteira dentro do Hinduísmo e também no Xamanismo pela doutrina ao mesmo tempo disciplinadora e amorosa do Mestre Irineu, assim como eu, o que nos aproximou desde o primeiro encontro.

A primeira vez que fui em um retiro do silêncio de 11 dias, em 2017, o Navaratri, Prem Baba me guiou de forma cirúrgica e definitiva em duas grandes curas. A primeira foi acordar o observador interno e o processo foi tão poderoso que se mantém; e a segunda foi me fazer perceber que eu era cegamente obediente a um *eu idealizado*.

Com extrema amorosidade, Prem Baba me proporcionou um campo espiritual seguro para que eu pudesse acordar desse sono profundo de uma vida inteira.

Através da luz de seu pensamento e sob o efeito da elevação vibratória dos mantras indianos cantados em sânscrito por sua comunidade, fui ajudada a entender que eu realmente posso ser e sou imperfeita, pois essa é a dimensão da imperfeição e a grande lição é acolher a humanidade imperfeita que nos habita.

Durante muitos anos eu sofri com a busca inconsciente de perfeição. Junte o fato de terem me colocado muito cedo no pedestal da fama à influência do meu sol em Virgem e verá que o resultado pode ser devastador, pois o *eu idealizado* é como um tirano implacável que não aceita nada menos do que a perfeição. Assim, nos tornamos escravos de nós mesmos sem percebermos que essa dinâmica não nos deixa relaxar, muito menos amar de verdade. O modelo de autoexigência exagerada impede o amor próprio e o estado de merecimento. Também se projeta no outro e, desse modo, construímos olhos prontos para ver defeitos dentro e fora. Isso pode estar bem disfarçado, quase invisível, pois é um dos mecanismos de defesa, uma máscara que esconde o que temos de mais belo: a humanidade.

Esse véu de ilusão que acredita em uma perfeição idealizada é capaz de nos prender num inferno interior, nos obrigando a estar em uma busca que não tem fim e só traz frustração, impedindo a visão da Luz que também carregamos.

Nesse mundo de dualidade, de luz e sombra, não existe perfeição da maneira como aprendemos. Porém existe, sim, uma perfeição Divina que é a teia da Vida sendo tecida através de nós e de toda a criação. Cada pensamento, gesto, palavra, encontro, ação e reação manifesta a realidade em constante mudança, trazendo a lição certa para cada pessoa na escola da Vida. Isso é Perfeição.

Consciência é Amor

Aqui entra a grande ferramenta de aceitação e transformação, o Amor. É por isso que a expansão de consciência está intimamente ligada à expansão da capacidade de amar. É o Amor incondicional que nos habilita a acolher nossas sombras para integrar e transformar. No momento em que aprendemos a viver esse processo internamente, vamos reproduzir o modelo de relação receptiva com a vida e com as pessoas. Portanto, o trabalho de identificar o tirano *eu idealizado* é fundamental e a medicina contra ele também é o Amor, pois é parte de nós.

Quando nos rendemos ao Amor como força de transformação, percebemos que viver na cobrança significa nunca estar satisfeito. É uma postura que nos coloca no estado de sempre querer mais. Não aceitar que somos imperfeitas faz com que carreguemos ressentimentos e desejo de vingança.

Um fardo que impomos a nós mesmos. E o grande passo rumo ao amor próprio é soltar o peso, que muitas vezes está sendo arrastado por gerações.

Nas dinâmicas que nos prejudicaram verdadeiramente, a Consciência Sistêmica nos liberta, ensinando a entregar a responsabilidade do outro pelo que ele fez e ficar apenas com o que é nosso. Soltar o peso de querer fazer justiça, que no fundo é desejo de vingança, fruto do lugar da vítima, que fica presa na cena do ocorrido.

Portanto, o mecanismo de projeção é uma bênção quando o conhecemos. Nos ajuda a ver nossa luz através de pessoas que nos fazem felizes, mas também nos revela nossa sombra através daqueles que nos fazem sofrer. A repulsa à atitude do outro que está trazendo dor profunda pode nos guiar para investigar a situação e fortalecer em nós a qualidade contrária ao que está sendo posto. É a consciência pelo contraste entre a sombra e a luz. Onde havia fragilidade de caráter em nós, nos movemos para plantar com mais força a virtude correspondente.

Trago um exemplo pessoal. Passei por um período de convivência com uma pessoa que mentia o tempo todo. Eu levei alguns meses para enxergar sua compulsão, e, quando o Universo revelou a primeira falácia, foi como uma reação em cadeia. A partir dali, eu fiquei com o ouvido *vacinado* e enxergando cada inverdade. Revisitei as conversas que tivemos antes e comprovei que, no meio de alguns fatos verdadeiros, havia sempre mentiras estratégicas que distorciam completamente a verdade.

No início foi um choque, porque a pessoa tem maestria para construir uma imagem de sincera. Então, pelo impacto da surpresa negativa, fui arrastada por um desejo de querer compreender porque eu havia atraído aquela história para minha vida. Mergulhei fundo e busquei em mim toda e qualquer tendência de manipulação da verdade. Por causa dessa experiência sofrida, passei a ter muito mais atenção e clareza sobre o que é verdade e o que é mentira dentro de mim. No fim desse período, que teve alguns desdobramentos dolorosos, eu pude ver que cresci em consciência. O mentiroso ganhou significação de mestre, mesmo que ele não saiba e que essa não tenha sido sua intenção.

Também pude ver que a manipulação alheia entra pela brecha da carência, que nos coloca como *mendigos* de atenção. Dessa forma, a pessoa de postura destrutiva se aproxima, seduz estimulando a vaidade de quem é carente e o faz prisioneiro. Na maioria das vezes, com disfarces quase perfeitos de virtudes. Aliás, o manipulador precisa dessas máscaras para fazer a pessoa se submeter a ele.

Desse modo, a busca da Verdade é um caminho a ser trilhado com muito trabalho e disposição para enxergar a sombra e a luz em nós. Não somos nem melhores nem piores do que ninguém, mas sim seres que estão na jornada da evolução para desenvolver valores humanos. No estado de presença, vemos com mais clareza. Passamos a perceber a manipulação que acontece na vida e dentro de nós. O Xamanismo foi para mim a maior porta de contato com essa realidade.

> *"Não fazer o que você sente vontade de fazer é liberdade."* — Swami Chinmayananda

RECONHECENDO O PLANTIO E O FRUTO

Desenhe duas árvores.

Em uma delas, descreva atitudes que você costuma ter pensando no coletivo, as ações mais generosas do seu dia a dia. Pode colocar o nome da ação dentro de frutas que estão penduradas ou no chão.

Na outra, descreva as intenções e manifestações de atitudes mais individualistas ou egoístas. Aqui também pode colocar os nomes nas frutas.

O objetivo da atividade não é se culpar e se condenar, mas sim tomar consciência dos frutos que está plantando e que fatalmente vai colher.

17

Xamanismo: contato físico e espiritual

> *"Acho que todos os meus pensamentos giram em torno de Deus como os planetas em torno do Sol e são, da mesma forma, irresistivelmente atraídos por ele. Eu me sentiria como o maior dos pecadores se quisesse opor alguma resistência a essa força."* — Carl Jung

Existem abordagens variadas para o aspecto multidimensional da vida: as dimensões tangíveis e as dimensões quase imperceptíveis para a maioria das pessoas. As dimensões mais aceitas atualmente na sociedade ocidental são as que compõem uma pessoa em sua individualidade ou como parte do coletivo: dimensão do corpo, da mente, das emoções e dimensão familiar, profissional, social. Ou seja, tudo aquilo que é percebido na matéria.

Porém, existem outras visões que vão além, que não se limitam às várias esferas desse plano tridimensional. Falo de outros mundos que coexistem com o nosso, mas em lugares que só podem ser acessados com percepções extrassensoriais ou uma sensibilidade mais apurada.

O que separa esses mundos? A frequência vibracional e a natureza da experiência inerente àquela dimensão. Vamos devagar. Em 2013, tive uma experiência que mudou minha vida para sempre: um ritual de Xamanismo no coração da Mata Atlântica, no Maciço da Pedra Branca, localizado na cidade do Rio de Janeiro.

Eu estava vivendo uma das fases mais doloridas da minha vida. Havia me separado pela segunda vez e estava gravando uma novela no Rio para dar conta das minhas demandas de sobrevivência, agora sem a parceria natural do casamento com Duca Leindecker. O processo de separação já era dolorido demais, e ainda tinha o pior dessa condição: eu estava sem o nosso filho, Guilherme, que morava em Porto Alegre, assim como eu antes de me separar. Na época, foi insuportável para meu coração de mãe impor a ele uma ruptura com a família gaúcha e o colégio que representava amigos e professores que ele amava, arrancando-o de uma rotina harmônica para satisfazer meu desejo de ter sua companhia em um momento bem sofrido para todos. Foi uma das decisões mais doloridas que já tomei, e só fui capaz de fazê-la tendo como mestre o amor maternal.

Observando o resultado na vida do Gui fica claro que escolhemos um bom caminho. Além dos motivos que citei, que para mim são suficientes, acertamos intuitivamente no momento indicado para dar todo o suporte à sua transição para uma nova fase. No desenvolvimento da psique, o período entre 7 e 10 anos é justamente quando os filhos homens devem sair da esfera da mãe para a do pai.

Eu passava duas semanas no Rio e uma em Porto Alegre, ou seja, viajava a cada quinze dias. E a partir de trocas baseadas no amor e na verdade, nossa relação se tornou mais serena e profunda. Muito do que vivenciei no autoconhecimento tem a ver com sua existência, pois como estamos vendo, o maior legado que podemos deixar para nossos filhos é o desfazer das pendências com o passado para que se sintam também liberados para viverem histórias realmente novas.

A hora da despedida era sempre dilacerante. Toda a situação me deixava profundamente infeliz e incapaz de lidar com meu estado de espírito.

Quando estava com meu filho, o amor dessa relação transbordava como bálsamo, aliviando o sofrimento, mas, quando me ausentava, a dor da falta era tanta que eu não conseguia encarar a realidade e fugia da aflição do meu próprio coração. Ocupava todo o tempo vago com cinema, teatro, conversas, passeios, qualquer coisa que me permitisse anestesiar o que estava sentindo. Bebia uma taça de vinho toda noite e tomava remédio para adormecer. Não tinha condições de colocar a cabeça no travesseiro e dormir em paz.

Só de lembrar meus olhos enchem d'água. Graças a Deus atravessamos essa noite escura, e foi tudo vivido com tanta amorosidade que a dor daquele momento me empurrou para a experiência xamânica, acontecendo como uma reprogramação da minha existência. Com o tempo ficou claro que através de cada momento desafiador algo em mim estava sendo lapidado para que eu pudesse receber o batismo espiritual de um verdadeiro renascimento.

Nessa época, eu fiquei muito próxima da filósofa Viviane Mosé por causa de um estudo sobre memória para a construção de uma montagem teatral. Ela generosamente aceitou falar sobre o pensamento nietzschiano em alguns encontros, pois tínhamos lido e nos apaixonado pelo seu livro *Nietzsche e a grande política da linguagem*. Como eu estava em sofrimento, buscava a lucidez de Vivi em longas conversas.

Então, em uma dessas trocas, confessei a ela que sentia que precisava expandir minha consciência para perceber o que estava me trazendo tanto sofrimento. Eu queria ter uma experiência de transcendência da matéria que não fosse usando drogas, pois eu sentia fortemente que esse não era o caminho sagrado que eu buscava. Eu já conhecia e vivenciava a Constelação Familiar, que me colocava diante do fenômeno da comunicação com o inconsciente, mas queria viver a multidimensionalidade com todo o meu ser. Dentre outras falas importantes que me ajudaram naquele momento, Vivi me disse: *Você deveria experimentar Ayahuasca.*[14]

Um passo na direção de Deus

Poucos dias depois, eu estava na casa de um grande amigo, o jornalista Jorge Bastos Moreno, e em uma roda de conversa sobre expansão da consciência mais uma vez confessei meu desejo de olhar para a vida de uma maneira mais profunda, para além da problemática existencial do dia a dia. Então pela segunda vez escuto, e agora de Gilberto Gil, que eu deveria experimentar a Ayahuasca.

Aqui abro um parêntese para contar que há mais de três décadas meus pais e alguns dos meus irmãos são frequentadores de um grupo religioso ayahuasqueiro, e com vinte e poucos anos eu experimentei juntamente com eles essas plantas de poder. Porém o que me marcou não foi nenhuma experiência mística de transcendência, mas sim muito enjoo. Não aproveitei as trocas filosóficas e fiquei com poucas lembranças da experiência. Imagino que eu não estava aberta para acessar o mundo inconsciente por medo ou imaturidade.

Hoje vejo o profundo significado da história da minha família com a Ayahuasca, pois o que aconteceu nos anos 1980 foi que um grupo do Centro

14 Bebida feita da mistura de duas plantas, água e fogo. Da mistura do cipó Mariri ou Jagube (*Banisteriopsis caapi*) e Chacrona (*Psychotria viridis*) obtém-se efeito enteógeno que configura conexão com o sagrado dentro de si; processo utilizado em rituais, desde a cultura Inca, passando pelas comunidades de toda a região amazônica, até chegar no que se chama atualmente de Xamanismo Urbano; dentre outras denominações ligadas a objetivos diversos no processo de expansão de consciência.

Espírita Beneficente União do Vegetal (UDV) simplesmente se mudou para a rua de chácaras em que morávamos. Ou seja, o Universo trouxe para nosso dia a dia a possibilidade de uma experiência capaz de transformar a existência de todos. Porém, nessa mesma época, eu me mudei para o Rio de Janeiro e fui viver outras histórias. Minha mãe conta que, nesses muitos anos de contato com o sagrado, durante os encontros da UDV, ela sempre pediu ao mestre Gabriel, o fundador dessa doutrina, pela minha guarnição.

Passado todo esse tempo de uma certa rebeldia e distanciamento do caminho espiritual, eu estava recebendo do plano Divino uma mensagem que só seria ouvida através de pessoas pelas quais eu tinha profunda admiração e respeito, como Viviane Mosé e Gilberto Gil. Registrei o recado e saí com esse tema no meu coração.

A partir dali, comecei a me perguntar onde encontraria um grupo no Rio de Janeiro que fosse de confiança para eu me apresentar e me abrir mais uma vez a essa força. Não fazia a menor ideia de como procurar, pois sabia que não se faz propaganda desse tipo de trabalho, exatamente por ser um encontro de consagração a algo íntimo e sagrado para os participantes: sua própria espiritualidade.

Foi então que, ao final de uma exposição de Beatriz Milhazes, conheci um poeta, Ramon Nunes Mello, que trouxe a informação que eu mais ansiava naquele momento. Ele fez um comentário discreto com uma pessoa, e eu pesquei no ar. Sussurrando, ele disse que frequentava um trabalho com Ayahuasca. Na mesma hora, minha atenção foi capturada, e eu parei de escutar a conversa que rolava do meu lado para ir me sentar perto dele. *Do que você está falando em segredo?*, perguntei. Ele riu e respondeu que era sobre um grupo que fazia trabalhos espirituais com Ayahuasca apenas para os membros e amigos. Contou que era composto de vários artistas, pois a ritualística era consagrada à criatividade, à expressão da alma através da arte. Escutei o nome do grupo enquanto um raio de certeza me atravessava: Porta do Sol. Dez dias depois haveria um encontro, ao qual Ramon poderia me levar. Deixamos tudo combinado.

O curioso é que os conselhos de Viviane Mosé e Giberto Gil e o encontro com Ramon aconteceram em um curto período, como se uma força oculta estivesse me convocando para dar esse gigantesco passo depois de eu ter pedido de todo o coração.

"Quando damos um passo na direção de Deus, ele dá sete passos em nossa direção." — Provérbio hindu

Mundos paralelos

Acho que nem preciso dizer que vivi cada um desses nove dias como se estivesse me aproximando de um rito de passagem — sem volta. Eu sentia que, ao contrário das atividades de fuga que eu sustentava naquele período, a experiência com Ayahuasca seria um encontro profundo com minhas dores e equívocos para que eu pudesse redirecionar minha vida. Porém o que experimentei foi algo que não sabia ser possível de viver encarnada nesse corpo.

É importante dizer que esses mundos paralelos poderiam ser percebidos pelo nosso aparelho físico se trabalhássemos a sensibilidade e ampliássemos o conhecimento. Mas, ao contrário disso, nosso estilo de vida anestesia os sentidos e nos aliena. Nos identificamos com a dimensão material da existência, nos prendendo ao que é palpável e acreditando que somos apenas esse corpo físico. A crença determina a natureza da experiência, e a visão materialista pode significar o bloqueio da percepção de outras dimensões, além dessa que é o resultado do que é gestado no plano sutil.

A experiência transcendente corresponde à consciência espiritual que expande na ativação do neocórtex frontal citado no estudo do cérebro nos primeiros capítulos. É a dimensão mais recente da evolução humana, capaz de nos levar às experiências místicas de conexão com o Divino. Através dessa dimensão psíquica juntamente com a glândula pineal acionamos o canal de comunicação com outras esferas.

A física quântica já comprovou a existência de até dez dimensões paralelas à essa do espaço-tempo, como na teoria das supercordas.[15] Indo por esse caminho, já se aceita relativamente bem o conhecimento milenar oriental sobre a existência de vários corpos além do corpo físico, que, para identificar, basta abrir os olhos. Porém, a percepção dos corpos sutis exige abertura interna e mudança de paradigma. A verdade é que, quando criança, vislumbramos muito desses outros mundos até ir nos bloqueando aos poucos por falta de compreensão e por constatar que nossos pais, irmãos, parentes, amigos não estão percebendo a mesma realidade que nós, muitas vezes nos repreendendo por compartilharmos experiências incomuns.

A criança está naturalmente mais próxima da conexão com a dimensão de onde veio. Ela tem menos tempo de esquecimento nesse mundo e carrega uma consciência mais viva da lembrança da origem da vida. Gradualmente essa memória infantil vai sendo suplantada pela percepção limitada de que só existe a dimensão da matéria.

"Todos nós nascemos originais e morremos cópia." — Carl Gustav Jung

---

15 Teoria que explica a existência de universos paralelos ou multiversos. A ideia é complexa e foi concebida em termo de equação científica e geometria devido à suposição da existência das "supercordas", que são túbulos de conexão entre os mundos, que vibram em frequências variadas produzindo propriedades específicas para cada um desses universos paralelos.

Imagine a perda de amplitude de visão que esse encaixotamento nos impõe. Fica bem compreensível o motivo de estarmos nos sentindo aprisionados e impotentes na experiência do corpo. Mas não precisa ser assim. Quando visto como canal de percepção extrassensorial, esse corpo se torna portal de transcendência e libertação dos limites da mente racional, cartesiana.

Como vimos, o inconsciente corresponde a mais de 90% da nossa mente como um todo e é o que comanda nossa vida. Através dos acontecimentos, nosso inconsciente se comunica conosco, nos impulsionando a caminhar numa determinada direção ou bloqueando o caminho. Naquele momento, meu inconsciente dava orientações definidas sobre cada passo, e eu obedeci.

Percepção extrassensorial da existência

Um dos grandes desafios de quem vive experiências metafísicas é transmitir em palavras para um mundo cético e com visão reduzida da realidade. Da mesma forma que é impossível descrever o gosto de uma fruta, sendo indispensável que a pessoa passe por essa vivência para que conheça, assim é com a experiência incomum. Seria mais fácil descrever se fosse algo amplamente difundido.

Por exemplo, imagine um ser humano ainda no desenvolvimento da linguagem tendo que relatar seus sentimentos diante de alguém muito próximo que acaba de morrer. Imagine esse ser expressando a dor da impotência e o sentimento de falta. Era impossível naquela época, porque esse olhar mais sensível para a perda de alguém estava sendo construído através da própria experiência. A morte, que antes era vista como algo natural, de repente passou a ser objeto de busca de compreensão sobre a finitude da vida, o papel das relações no nosso mundo interno, a natureza da falta etc.

Com o tempo, esse olhar para o que está por dentro da matéria foi sendo organizado pelas diversas religiões, e hoje fica mais fácil retratar o sentimento de perda em palavras, porque a maioria de nós já conhece e a linguagem foi sendo construída para expressar as experiências da vida comum. Mas, falando de vivências multidimensionais, poucos tiveram o privilégio de conhecer, e por isso fica mais difícil transmitir.

A verdade é que a pessoa só vai ter contato com o mistério quando passar pela experiência direta, sem intermediários. Isso é expansão de consciência e pode acontecer por causa de uma situação intensa da vida, através de práticas com esse propósito ou em rituais com plantas de poder também chamadas entre outros nomes de *psicodélicos* e *Enteógeno*. Esta última denominação vem da mesma raiz grega da palavra *entusiasmo* e significa *manifestação do divino*.

É possível ver relatos de pessoas que, diante de um acidente ou da beleza sublime dos fenômenos da natureza, tiveram uma percepção extrassensorial da existência. Desse modo também atuam as substâncias enteógenas. É quando percebemos a dimensão profunda da vida e nos conectamos com a Força que sustenta esse plano. Você pode chamar de Força da Vida, Mãe Natureza, Universo, Deus, Deusa, O Todo, Inteligência Superior, Plano Maior... são apenas nomes que representam esse espaço quântico que produz a realidade e dialoga com o nosso inconsciente.

Assim, abrimos a porta da percepção que nos revela o funcionamento do fenômeno da vida, e essa consciência muda para sempre a maneira como lidamos com o mundo, pois altera o funcionamento neuronal do cérebro. Ou seja, expande a consciência na dimensão espiritual e física também.

Hoje existem inúmeros estudos e pesquisas com resultados impressionantes de trabalhos terapêuticos assistidos, com psicodélicos ou enteógenos (TAP: Terapia Assistida com Psicodélicos). A condução psicoterapêutica feita por profissionais da saúde mental é potencializada pela ação das substâncias, pois ao mesmo tempo que elas abrem as portas do universo inconsciente (como faz a Constelação Familiar), também promovem a neurogênese, que é a geração de novos neurônios; e a neuroplasticidade, que significa a reestruturação psíquica e do sistema nervoso levando a pessoa a ver velhos problemas de novas formas. Desse modo o psicólogo ou psiquiatra tem acesso à origem de padrões inconscientes que são revelados durante o transe, ao mesmo tempo que sua condução ganha eficácia pelo estado propício à transmutação de crenças, na neuroplasticidade.

Esse processo traz para o paciente autoconhecimento e alívio impressionante na depressão e outros sintomas psico-espirituais por promover visão ampliada e por isso mais madura, empática, capaz de estabelecer autorresponsabilidade, insights sobre soluções, desenvolvendo consciência do impacto pessoal na própria cura.

Isso significa que, seja combinado com medicamentos alopáticos, cujos efeitos colaterais às vezes são piores do que o sintoma, ou aplicados de forma exclusiva, os psicodélicos estão revolucionando a ciência da mente com a vantagem de serem naturais, benéficos à saúde física e não criarem dependência química como as drogas farmacêuticas.

Eu já havia vivido alguns estados alterados de consciência pelo êxtase de estar diante de um fenômeno natural com potência incomum, impactante. Foi o caso da minha primeira ida ao Pantanal para gravar a novela que levava o mesmo nome. Em vários momentos eu sentia como se estivesse no jardim do Éden, na criação do mundo. Eu era invadida por um estado de epifania e algumas vezes chorei de gratidão por tamanha beleza e conexão com a força vital. Não sabia o que dizer, o que fazer, apenas me permitia ser atravessada pela energia que vibrava em mim e em tudo à minha volta.

Foi esse momento profissional que transformou minha vida de várias maneiras. Eu carregava fragmentos de memórias da infância, cuja conexão profunda era ativada pelo contato com a natureza e através de histórias fantásticas contadas por minha mãe ou por outras pessoas nos pequenos vilarejos onde costumávamos passar as férias.

Esse mundo não revelado sempre me fascinou, e um desejo de conexão com o Divino foi plantado na minha adolescência quando li alguns livros de Carlos Castañeda e suas experiências com o peiote.[16]

Portanto, nesse momento da minha jornada, dia 7 de setembro de 2013, 14 dias antes de completar 47 anos, eu estava indo a um encontro definitivo comigo mesma. Tenho a sensação de que essa experiência havia sido programada por minha alma, e assim meu inconsciente me levava para lá.

O dia que mudou tudo

Na noite que antecedeu o dia que mudaria para sempre minha vida dormi pouco e despertei levemente ansiosa para a experiência tão aguardada. Chegamos na Porta do Sol com o carro cheio de pessoas pegando carona. Fora Ramon, que era um pouco mais conhecedor do processo, havia um amigo que tinha experimentado Ayahuasca apenas uma vez, de resto éramos marinheiros de primeira viagem (se considerarmos que minha

16 *Lophophora williamsii.* Pequeno cacto, nativo do México, que contém mescalina e propriedades psicoativas ou endógenas.

primeira experiência não valeu como acesso à transcendência). Tentarei lembrar dos momentos significativos dessa jornada de mergulhos profundos, que valeram como vidas e eras na dimensão da alma.

Foi um dia de festa no local. Era aniversário de 4 anos de existência do grupo carioca. Havia muitos preparativos, e me lembro de esperarmos horas até o início. Eu sentia que cada minuto daquela espera não era em vão. Aliás, estou acostumada a longas esperas em sets de cinema e aprendi a encará-las como oportunidades de me nutrir internamente. Nesse dia fiz igual: aproveitei cada instante para me conectar com o lugar e com as pessoas.

Quem estava pela primeira vez (e continua assim), respondia uma ficha de anamnese com criteriosos cuidados preventivos, elaborada por profissionais da saúde, conforme orientação do CONAD (Conselho Nacional de Políticas sobre Drogas). Também passei por uma pequena palestra sobre o funcionamento do trabalho, a segurança da bebida e a origem da prática conduzida pelo Mestre Raimundo Irineu Serra, o precursor das linhas tradicionais e alternativas, tal qual a Porta do Sol, fundada pela Madrinha Ana Vitória Vieira Monteiro.

Quando começou, eu já estava um pouco cansada, mas também mais relaxada e entregue à experiência. O Mestre Irineu dizia que a única coisa que é pedida para você acessar o máximo de proveito dessa experiência é a entrega incondicional e o não julgamento; eu estava desse jeito. Como já avisei, o que vivi não pode ser descrito completamente, mas vou tentar.

Cada passo, desde a reunião com os novatos na oca até o passe espiritual e a ingestão do sacramento Ayahuasca, tudo foi feito com extrema concentração, como se fosse a preparação de uma nave para a decolagem.

Um estado de respeito e abertura para a experiência que é imprevisível e incontrolável.

Escolhi me sentar na terceira fileira — a última. Nessa época eu ainda vivia dominada pelo medo de me expor, e isso foi uma das curas que obtive logo nos primeiros meses dessa experiência, que passou a fazer parte da minha vida.

Quando todos haviam bebido e sentado em seus lugares, o trabalho começou. A dirigente trouxe algumas palavras benditas, e o Hinário da Paz passou a ser tocado e cantado divinamente pelo coral.

Em pouco tempo, o efeito do enteógeno começou a atuar no meu sistema, apurando a sensibilidade, e fui tomada por uma necessidade de colocar urgentemente os pés no chão. Olhando para a simbologia desse movimento, trago um aspecto precioso dessa experiência que é nos ajudar a perceber o significado mais profundo de cada movimento. Com a percepção ampliada, nada acontece de forma automática, nem passa desapercebido pela consciência pessoal, que fica afiadíssima para captar o sentido espiritual por trás das coisas mais simples. Isso é expansão de consciência.

Desse modo, desatei o nó das cordas das sandálias que estavam amarradas ao meu tornozelo e coloquei os pés em contato com o solo. Senti o impacto libertador desse simples gesto. De repente me conectei com a Mãe Terra, a fonte de vida de tudo o que há. Sentia um fluxo incrível de energia percorrendo meu corpo, e essa energia se deslocava de baixo para cima e de volta para o chão. Comecei a derreter, desmanchar, me integrar com tudo e todos.

Acho que nunca havia experienciado um pertencimento tão profundo. Senti com todo o meu ser e todos os meus corpos densos e sutis que eu realmente fazia parte de um organismo vivo, que por sua vez se integra a outro ainda maior: o cosmo. A barreira da linguagem se desfez, e eu era uma com esse corpo estendido. No silêncio dos sentidos, à flor da pele, eu sentia Gaia, respirava com ela, pulsávamos juntas.

A sensação me parecia ser a morte, pois eu nunca havia passado por nada semelhante em vida. Era uma experiência de transcendência que só podia ser a desencarnação! Então, sem resistência, baixei todas as defesas e me rendi. Foi uma das sensações mais celestiais da minha existência! Um relaxamento profundo, ausência de qualquer tensão ou preocupação. O ego que me trazia tantas ilusões torturantes foi destruído amorosamente, e eu estava livre para me sentir parte de algo poderoso, divino. Jamais vou me esquecer da sensação de libertação plena. Eu podia ficar naquele estado para sempre...

Passado algum tempo, essa força se espalhou pelo meu corpo, transformando meus braços em asas. A sensação era de que eu realmente podia voar, pois a energia que subia pelo meu corpo transbordava pelo topo da minha cabeça. Nem com 20 anos de idade eu senti tanta vitalidade física e sensibilidade de todos os sentidos. Meu corpo vibrava como uma estrela cadente cortando o céu.

Eu tentava ler a letra do hinário que estava sendo executado pelo coral, mas não conseguia. As letras dançavam, saíam do lugar, pois tudo vibrava, estava vivo! Eu via, sem ajuda da tecnologia, a natureza vibratória do Universo, comprovando a lei da vibração de Hermes Trismegisto. Então desisti de ler, fechei os olhos e me conectei com o canto. Para minha surpresa, comecei a cantar telepaticamente, como se já conhecesse os hinos. Me deixei levar, surfando junto na melodia e intuindo as palavras.

É relativamente comum durante o transe enxergar uma energia luminosa, como se houvesse uma luz acesa dentro de tudo. Também é frequente ver o que chamamos de *geometria sagrada*. São formas geométricas que se revelam como uma engenharia Divina, organizando matematicamente tudo o que existe. Você olha para a grama e vê um padrão perfeito de estrutura geométrica. Olha para sua mão, os rostos, as árvores, e cada detalhe está dentro de uma matriz harmônica e impecável. Como se um artista tivesse desenhado o Universo! Talvez seja o mais perto que posso chegar em palavras.

Lembro de que algumas vezes a dirigente veio até mim e fez um gesto de convite para que eu fosse até o centro, onde havia o altar. Percebi que algumas pessoas que manifestavam a força fisicamente estavam diante dele, mas resisti ao convite. Estava ocupada demais dando passagem a todas aquelas sensações inenarráveis.

Mais para o final do trabalho, eu cedi ao convite e fui ao centro da roda. Ali, diante do altar, a energia era mais forte, então meus braços realmente se tornaram asas. Fiquei com a memória de ter me conectado com a energia da Fênix, arquétipo poderoso de ressurreição ou renascimento, um dos símbolos da Porta do Sol.

Já no final do trabalho, essa ave parecia ter outra natureza. Hoje sei que, além de a Fênix representar muito bem a virada espiritual na minha vida, talvez eu tenha tido contato com um outro arquétipo que é um dos meus animais de poder. Antes dessa experiência, eu não fazia ideia do que isso significava. Fui pesquisar depois e aprendi que temos a qualidade energética de alguns animais que vêm à tona quando precisamos de sua força. É uma riqueza de experiência que infelizmente não consigo descrever em sua magnitude.

O rito, que durou mais ou menos cinco horas nessa dimensão e incontáveis eras fora do espaço-tempo habitual, ia se concluindo, e eu ainda estava completamente tomada pela força, como se estivesse fora do corpo.

Precisava me apropriar de novo da minha fisicalidade e fazer movimentos bem lentos até aterrissar. Confesso que quando vi todos se movendo com naturalidade, e eu ainda flutuando em um outro plano, fiquei um pouco apreensiva. Não sabia o que fazer com aquilo e não conseguia levantar da cadeira. Até que a dirigente veio até mim e perguntou se eu estava bem. Falei que sim, mas que ainda não tinha *voltado*. Então ela me pegou pela mão e pediu que uma pessoa me guiasse até o refeitório para comer algo. Aos poucos, e um tanto assustada, fui *voltando*.

Renascimento

A partir daquela noite, e por alguns meses indo ao ritual de 15 em 15 dias, minha sensibilidade física aflorou muito. Era como se eu realmente tivesse renascido. Sentia os sabores dos alimentos, o vento, o sol, a água do chuveiro, tudo com uma intensidade e prazer que eu havia perdido na anestesia da vida automatizada. Degustava demoradamente tudo o que comia, passava mais tempo no banho sentindo a água escorrer pelo meu corpo e podia perceber a limpeza que ela promovia também no meu campo energético. Falava devagar, sentia a vibração das palavras e minha própria frequência havia mudado. Minha visão melhorou e eu passei a ver as cores mais vivas e luminosas. A consciência sobre meus atos e suas consequências se ampliou e aos poucos fui vendo o quanto estava desperdiçando minha existência e adoecendo minhas relações.

A vida que parecia normal aos olhos de todos e também aos meus ia se revelando totalmente autodestrutiva. Já nesse primeiro ritual, parei de beber a taça de vinho à noite. Não conseguia nem chegar perto de bebida alcoólica. Estava muito sensível, e não fazia sentido me anestesiar de novo. Também tive a nítida impressão de que minhas células estavam encharcadas de álcool e precisavam se purificar. Eu estava pronta para assumir meu corpo e minha evolução. Passei a encarar as dores da realidade que estava vivendo e, com humildade, iniciei um novo plantio na minha vida.

É interessante que, quando acordamos e enxergamos o plantio inconsciente de frutos amargos, aos poucos paramos com essa semeadura maléfica, porém, por algum tempo, ainda vamos colher aquilo que plantamos. Não sabemos até quando. Então o trabalho é aguardar a mudança das circunstâncias com paciência, enquanto semeia os frutos saborosos sem expectativas de colheita. É um estado de entrega, rendição, confiança na Força que passa a comandar nossa vida.

> *Confia, confia, confia no poder*
> *Confia no saber*
> *Confia na força*
> *Aonde pode ser*
> *Essa força é muito simples*
> *Todo mundo vê*
> *Mas passa por ela*
> *E não procura compreender*
> *Estamos todos reunidos*
> *Com a nossa chave na mão*
> *É limpar mentalidade*
> *Para entrar neste salão*
> *Este é o salão dourado*
> *Do nosso pai verdadeiro*
> *Todos nós somos filhos*

> *Todos nós somos herdeiros*
> *Nós todos somos filhos*
> *É preciso trabalhar*
> *Amar o Pai eterno*
> *É quem tem para nos dar*[17]

Hino de Mestre Raimundo Irineu Serra, um homem forte de corpo e alma, nascido em São Luís do Maranhão, filho de ex-escravizados, que foi para a Amazônia no ciclo da borracha, trabalhou como seringueiro e na guarda florestal. Foi tesoureiro do Marechal Rondon e, dentre muitos feitos, em 1930 fundou o Santo Daime, primeiro grupo ayahuasqueiro implantado na cidade.

Através de uma energia feminina que o guiava e à qual chamou de Rainha da Floresta, a Virgem Maria, Imaculada Conceição, Mestre Irineu socializou um saber que antes era permitido apenas para xamãs e curandeiros indígenas. Existem registros de utilização espiritual da Ayahuasca que remonta a mais de 5 mil anos.

Portanto, Mestre Irineu foi o primeiro a trazer para o ambiente urbano a medicina da floresta, a Ayahuasca, em rituais conduzidos dentro uma doutrina profunda e disciplinadora. Justamente para aqueles que mais precisam de uma jornada interna verdadeira. Pessoas apartadas do Poder Superior por estarem no caminho de autoengano, como eu estava.

Mais de uma década depois da criação do Santo Daime, que deu origem à comunidade do Alto Santo, seu companheiro Daniel Pereira de Mattos criou A Barquinha, em 1945. Trinta anos depois, em 1961, surgiu

17 Hino chamado "Confia", de Mestre Irineu.

o Mestre Gabriel, fundando a UDV, da qual minha família faz parte. Essas são as três linhas tradicionais.

Claro que a criação do que hoje é conhecido como Xamanismo urbano também traz riscos, pois é um caminho espiritual que só faz bem àqueles que o respeitam e se abrem com amor, disciplina, sem misturar com outras plantas. Quem age sem cuidados e está em busca de diversão, mergulha ainda mais na escuridão. Por isso houve a regulamentação para uso apenas em rituais *religiosos*. Ou seja, através de grupos e ritos com o propósito de elevação espiritual. Foi a excelente solução encontrada pelos órgãos competentes para proteger as pessoas que querem passar pela experiência.

Por esse mesmo motivo de proteção, cada um desses mestres trouxe doutrinas disciplinares, para que a abertura de percepção extrassensorial pudesse ser direcionada por Forças Superiores, e não as inferiores que também estão sujeitas a atuar.

O sacramento revela a Luz, mas nem todos estão prontos para abandonar as próprias sombras.

Portanto, o que a Ayahuasca trouxe para meu mundo interno ou campo psíquico pessoal foi um princípio ordenador. Percebi que minhas escolhas eram geralmente inconscientes e dominadas pelo que chamam de *forças rebeldes*, que na verdade se trata de forças do instinto animal. Hoje enxergo que em alguns grupos que eu convivia reinava o modelo de uma vida hedonista de busca de prazer, ou incapacidade de resistência aos instintos.

Somos animais também. Isso é fato. Mas essa é a nossa condição quando nascemos. A consciência expandida me mostrou que as forças que me visitavam durante o ritual xamânico também me dominavam na vida, impedindo a minha liberdade de escolha consciente. Naquele momento, eu era marionete das energias destrutivas. Falo de algo observável por qualquer pessoa. Olhe para dentro e verá se está sendo guiado por forças de construção ou de destruição. Forças nutridora ou devoradoras.

Os hinos com os ensinamentos me mostravam que se os instintos comandavam, não havia espaço para o bem, para a união e o Amor verdadeiro, pois eu era guiada inconscientemente pela demanda de satisfação. Mas existe a satisfação instintiva ou infantil e existe um outro grau de satisfação que chega pela construção de valores que não são inatos, valores humanos de maturidade, que nos torna capazes de escolher não ter prazer em determinada situação, porque aquela experiência nao vai nos levar a nada. É só busca de satisfação, desejo animal disfarçado de conquista, sucesso, liberdade ou amor próprio.

Esse estado de instintos me mantinha numa gangorra entre o medo e o desejo. Percebi que a dimensão de dor e culpa que eu visitei em alguns trabalhos estava relacionada com essas escolhas. Portanto, a consciência e a doutrina chegaram como princípio ordenador masculino me trazendo autodomínio e segurança. Ao longo dos anos encarei minhas forças rebeldes instintivas e disse a elas: *a partir de agora quem manda nesse corpo, sou eu. Reconheço que o instinto é uma força mas vocês vão ter que evoluir comigo.* Então encarei o processo de trabalho árduo e constante de atenção as forças inferiores, sem negá-las, mas sim direcionando sua potência para a iluminação, me fortalecendo para fechar meu corpo, trazendo disciplina, maturidade, trazendo paz.

Sincronicamente, meu segundo ritual foi no dia do meu aniversário de 47 anos, 21 de setembro de 2013, e a certeza do renascimento foi tamanha que só me resta agradecer profundamente a essa providência divina, que me resgatou da morte em vida. Uns dois meses depois, parei de tomar remédio para dormir. Fiquei 48 horas acordada, até que meu corpo retomou a produção alquímica do sono saudável.

É importante dizer que a substância contida na Ayahuasca que promove a expansão da consciência é a DMT (dimetiltriptamina), conhecida no meio de pesquisas como a molécula do espírito e produzida em baixa quantidade pela nossa glândula pineal, com aumento de produção no nascimento, no sono e na morte. Portanto, é um elemento totalmente orgânico muito similar à serotonina, com funções de regulação ansiolíticas claras, assim como abertura de percepção no universo inconsciente.

O que ocorre é, além de produzir em doses baixas, nosso corpo produz também um bloqueador do efeito do DMT para que nosso cérebro possa operar em ondas beta, que nos permite ter foco. O bloqueador de DMT, MAO, passou a ser produzido pelo corpo para nos manter em estado de alerta e sobrevivência quando realmente tínhamos risco de vida constante. Na mistura da Ayahuasca, o DMT vem da folha Chacrona, e o cipó Mariri vai contribuir com um alcaloide capaz de inibir o efeito do MAO, que bloqueia a ação do DMT no nosso organismo. Com isso, nosso cérebro fica livre para subir até as ondas de frequências mais altas, trazendo relaxamento, criatividade, intuição e regeneração através do sono.

> **Ondas Delta:** Sono regenerador, autorregulação de todo organismo.
>
> **Ondas Theta:** Criatividade, intuição, capacidade de resolução de problemas.
>
> **Ondas Alfa:** Criatividade, clareza mental, relaxamento pleno.
>
> **Ondas Beta:** Foco e estado de alerta. Raiva , medo, ansiedade.
>
> **Ondas Gama:** Processamento de informações complexas, aprendizado.

Se eu considerasse apenas essas duas curas — parar de ingerir álcool e remédio para dormir —, a experiência com Ayahuasca já teria valido por muitas vidas, pois descobri o enorme risco de danos ao nosso cérebro quando adquirimos o hábito comum de consumir essas drogas lícitas. Se danificamos nosso aparelho cerebral extremamente sensível, literalmente jogamos fora a oportunidade de evolução nessa existência, pois o cérebro é o canal físico da consciência.

Muitas pessoas participam de um único ritual divisor de águas na vida ou frequentam esporadicamente para viver suas autotransformações, e está tudo certo ser assim. Mas eu, desde o primeiro dia, senti que não só precisava de uma frequência para iluminar a montanha de ilusões que me desviavam do caminho real como também a gratidão pela experiência foi tamanha, que tive a certeza de retribuir um pouco fazendo parte do coletivo que sustenta o trabalho para que outras pessoas possam receber suas bênçãos. Em poucos meses fiz todo o processo exigido para me tornar membro com entrega, e desde então tenho a honra e a responsabilidade de fazer parte dessa egrégora de luz na Terra.

De frente com a condição humana

Quero falar um pouco sobre a natureza de toda essa experiência. O Xamanismo não é *bonitinho* como aprendemos sobre o contato com o mundo espiritual. O Xamanismo nos coloca de frente com a condição humana e, portanto, com nossas sombras materializadas. É um caminho radical de encontro com a Verdade, e poucos estão prontos para passar pela expansão de consciência, que nos leva primeiro para a limpeza do que temos de pior para, só depois, nos elevar.

A maioria das pessoas se desesperam diante das próprias sombras, escolhendo inconscientemente projetá-las nos outros, e, antes de se encontrarem com a própria luz, desistem de ir adiante. Elas acreditam que o que viram de *feio* tem a ver com o ritual, com o Xamanismo ou com o dirigente e que todos estão errados, menos elas. Com essa postura, seguem suas vidas se colocando sempre no lugar impotente da vítima.

Na experiência do Xamanismo, você vai encontrar seus monstros materializados e se desesperar. A ideia é que você tenha força para superar o medo sem desistir de você mesmo. O propósito é construir a coragem e a disciplina, para seguir no trabalho de iluminar as próprias sombras, tomando consciência de que tudo o que você vê é você. Só depois dessa autoaceitação e integração é que você poderá se transformar de verdade.

Um dos primeiros passos nessa espiritualidade intensa e multidimensional é a autorresponsabilidade. Como disse anteriormente, depois que você se vê no espelho da Verdade, na condição humana dos vícios autodestrutivos com suas faces assustadoras pelo egoísmo, fica difícil apontar o dedo e acusar alguém de qualquer maldade. Você vai enxergar o mal sendo manifestado por alguém. Você pode até denunciar para proteger a si próprio ou outras pessoas, mas nunca mais vai se achar o bom e o outro, o mau.

Você vai entender que bem e mal são energias positivas e negativas que nos atravessam com nossa permissão consciente ou não. E muitas vezes a pessoa que está dando passagem para o mal é alguém sensível, mas de psique frágil, desavisado. Está sendo usado por uma energia destrutiva e é vítima da própria ignorância. Mas se eu não estiver vigilante, posso manifestar ou dar passagem para essa mesma energia, que traz fragmentação, sofrimento. Se eu acreditar que sou melhor e entrar na guerra contra essa pessoa, o mal venceu — conseguiu arrastar os envolvidos para o buraco da desunião.

Hoje vejo que a saída é seguir firmada na Luz. Esse é o grande trabalho. Percebo a energia do mal sendo canalizada, não me identifico com ela e sei que a pessoa está sendo vítima dessa sombra que também é coletiva. Então faço o que posso para pacificar, mas sempre com base na consciência de que também estou sujeita àquela força e devo me observar. Mantenho distanciamento da situação para buscar a sabedoria que vai me guiar na melhor forma de lidar com a situação, tendo muito cuidado para não me perder do meu centro. Como disse antes, esse é o trabalho árduo, mas ao mesmo tempo feliz do pacifista.

Limpeza energética

Voltando para a experiência com a Ayahuasca, uma das coisas que mais conquistou meu coração foi justamente ver a verdade da condição humana na prática. O que algumas pessoas chamam de *vômito*, para nós é *limpeza*, e esse movimento de limpar a sombra, colocando a sujeira para fora, literalmente, me encantou. Eu não achava feio, ao contrário, achava sublime estar a serviço da minha própria cura, passando pela limpeza profunda, para me tornar alguém melhor. Essa limpeza traz saúde física e espiritual.

O que acontece é que, quando vomitamos ou fazemos limpeza em um trabalho xamânico, estamos em um estado de consciência tão ampliado que, naquele momento, temos plena consciência do que está saindo do nosso sistema físico e espiritual. Como disse anteriormente, enxergamos o significado de tudo o que acontece, inclusive do vômito. Ele corresponde à limpeza de algo negativo que fizemos e significa materializar a decisão de jogar fora o que não nos serve mais: atitudes de egoísmo, de alienação, a falta de empatia e de amor-próprio. A pessoa também pode sentir vontade de ir ao banheiro ou derramar lágrimas de dor, de arrependimento, de gratidão etc. Seja dor ou amor, transborda para ser visto e transmutado.

São como travas energéticas que se materializam no nosso corpo, e por isso realmente precisamos manifestar a limpeza para ver que algo está saindo, sendo purificado, deixado para trás. As coisas podem acontecer de muitas formas na vida. No Xamanismo, é assim. Não é um processo fácil e não pode ser encarado como algo recreativo de jeito nenhum. Por isso a regulamentação do uso da Ayahuasca está associada ao contexto religioso, e na Porta do Sol temos todo o cuidado de não misturar a bebida com outras substâncias.

Por ser algo muito sério, e que a pessoa precisa estar pronta para vivenciar, eu nunca havia tocado nesse assunto publicamente. Não queria estimular a curiosidade de quem ainda não está preparado. O que me fez mudar de ideia, e agora compartilhar neste livro, foi um chamado interno. Senti que precisava transmitir a experiência do meu lugar de profunda entrega e respeito. Senti e obedeci.

Atravessei o rio, queimei a ponte

O perigo das narrativas de pessoas que só querem chamar a atenção sem conhecer o Xamanismo de corpo e alma é que maculam a imagem de uma jornada espiritual que é sagrada para inúmeras pessoas que vivem o processo de forma séria, amorosa e completamente comprometida.

A Ayahuasca é um caminho divino que, quando bem orientado, pode valer por várias vidas de evolução.

Os 2 primeiros anos dos 11 anos de práticas xamânicas me possibilitaram ir ao umbral da humanidade algumas vezes. Eu estava conectada com isso. Como citei, vibrava na frequência do medo, da culpa, da falta de amor-próprio.

E foram justamente essas experiências terríveis que desenvolveram em mim a coragem para buscar firmeza na luz da consciência e do Amor.

Me lembro especificamente de um transe em que acessei o umbral. Estava mergulhada em um mar de lama, onde havia pessoas agonizando de sofrimento por causa de seus próprios atos. Pude ouvir a voz da minha consciência perguntando: *Até quando você vai jogar fora sua existência?*

Quem passa por uma experiência dessa natureza não retorna para o estado de dormência de jeito nenhum. A diferença desse tipo de experiência que nos coloca diante da importância da vida é que a urgência de viver em consciência nos tira do domínio da culpa e do vitimismo que paralisa. Sentimos a necessidade irresistível de movimento para evoluir e passamos a não querer perder mais nenhum segundo na alienação. A autorresponsabilidade, ao contrário da culpa, traz o arrependimento que nos move para o crescimento.

Lembro que, desde então, toda vez que me sinto culpada, busco a reparação com tanto amor que o arrependimento passou a ser um ativador do autodesenvolvimento espiritual. Portanto, o impacto da expansão de consciência é definitivo e não tem volta. Como diz um dos hinos do Hinário Travessia, de Alleyona: *Atravessei o rio, queimei a ponte.*

A Porta do Sol

O trabalho espiritual com a ayahuasca precisa ser conduzido por dirigentes que sabem o que estão fazendo — uma egrégora forte. A Porta do Sol é um exemplo disso! Seu início foi no final da década de 1990, em São Paulo. Nossa fundadora é a Madrinha Ana Vitória Vieira Monteiro, xamã, escritora, pacifista, artesã e guardiã de sementes ancestrais.

Na época que fundou a Porta do Sol, a Madrinha Ana Vitória já tinha vivido anos de experiência com a ayahuasca em São Paulo e na Amazônia com indígenas. Estava em um mergulho profundo e solitário na busca de uma conexão mais ampla que pudesse acessar a criação de uma nova experiência de transe. Foi quando se conectou com a visão de um trabalho conduzido por ela e um grupo de artistas. A princípio não sabia bem o que seria e pediu ao seu Mentor Sun Pá Nã que lhe mostrasse os passos na direção da criação desse novo trabalho.

No mesmo momento, o grupo de artistas do Teatro Oficina, de José Celso Martinez, estava querendo ter uma experiência com uma planta de poder verdadeira, porém estavam com dificuldade de encontrar alguém que aceitasse levar para o teatro o sacramento Ayahuasca. Os dirigentes das igrejas tradicionais os achavam doidos demais para se responsabilizarem pelo trabalho. Foi então que um amigo em comum disse ao Zé Celso Martinez: *Eu conheço uma pessoa que vai topar fazer esse trabalho com vocês aqui no teatro*, e apresentou a eles a Ana Vitória.

Os artistas estavam ensaiando a peça *As Bacantes*, do dramaturgo grego Eurípedes, e decidiram ter a experiência na representação da tragédia grega. A Madrinha Ana Vitória chegou ao Teatro Oficina com um litro do sacramento Ayahuasca, colocou a garrafa no chão e disse: "Viemos fazer um resgate".(Como consta no livro *Mãe Floresta* de Ana Vitória Vieira Monteiro)

Todos beberam sua porção e encenaram o texto de 6 horas sem esquecer uma frase, em absoluto estado de presença e êxtase espiritual. A partir daquela experiência, a vida de todos, inclusive do Teatro Oficina, foi transformada. Assim nasceu a Porta do Sol, um grupo espiritual formado por atores e equipe que por algum tempo aconteceu dentro de teatros. Depois que as cortinas se fechavam para o público, os artistas, agora desbravadores de seus mundos internos, iniciavam uma diferente jornada ao encontro de si mesmos. Quer dizer, esse trabalho nasceu na experiência de transcendência pela arte e foi além.

Na Porta do Sol, é comum ver pessoas que vêm de áreas ligadas às ciências exatas que, depois de um tempo, começam a se expressar artisticamente. Como há vários artistas profissionais, e o trabalho tem como origem a expressão da alma através da arte, naturalmente elas vão desbloqueando seus dons e aprendendo a cantar, tocar instrumentos, dançar, pintar etc. A influência do espírito criativo traz tanta força e paz para nossas vidas que a Madrinha Ana Vitória criou uma ONG onde podemos levar nossas experiências para quem não faz parte do grupo de Xamanismo, contribuindo para a construção de um mundo mais harmônico. Se chama ONG Paz Sem Fronteiras, através da qual propomos vivências onde as relações acontecem dentro da uma cultura de paz. Assim, resgatamos também a expressão mais pura da nossa criança interna, que passa a existir de maneira mais saudável, livre e criativa, abrindo espaço para uma nova experiência humana.

Nessa escola de expansão da consciência, rompi com muitos medos e tenho florescido dons que eu nunca ousei pensar em desenvolver. Ali nasceu meu primeiro livro, e muitos caminhos novos se abriram dentro de mim. Sinto gratidão a essa casa e a essa Força, que transbordam tudo o que faço. Fico feliz por finalmente sentir que é hora de compartilhar algo tão decisivo para minha existência e evolução espiritual.

Experiência de morte e renascimento

Quando me coloco no lugar da maioria das pessoas, que também é o lugar em que eu me encontrava antes de chegar na Porta do Sol, percebo que minha visão de mundo hoje é radicalmente diferente. O Xamanismo é uma experiência real de morte e renascimento, e não é qualquer pessoa que vai experimentar esse portal deliberadamente. Sinto que ou a pessoa está plenamente decidida ou está plenamente desesperada.

O segundo caso era o meu. Eu estava tão infeliz e tão vazia de um sentido de vida real que suportei transes extremamente difíceis e segui adiante sem titubear. A cada trabalho, eu ia no umbral por pura identificação vibracional e voltava feliz por ainda estar viva. Disposta a trabalhar para harmonizar minhas relações, pacificando meu coração, firmada na luz da consciência. De repente a existência começou a fazer todo o sentido para mim. O que estava me causando sofrimento eram pensamentos nascidos da visão limitada do ego disfuncional, confuso, temeroso.

Então, de súbito, na experiência radical do Xamanismo com planta de poder, o ego se dissolve, sai do controle. Só assim podemos ser guiados por alguns instantes pelo eu superior conectado a toda a Criação. O medo da separação se desfaz, e o Amor verdadeiro, que é a integração com tudo o que há, assume o comando.

O processo de passar pela dissolução do ego é insuportável para a maioria das pessoas. Mas só é possível atravessar o portal da luz da consciência se deixarmos para trás o que nos aprisiona no sofrimento que sempre é ilusório: pensamentos e crenças limitantes que definem o ego pessoal.

A boa notícia é que você morre, mas continua vivo! Você faz a passagem, vê o que é essencial, o que tem valor e volta para redirecionar os passos no caminho do coração, o caminho da Verdade.

Assim como na visão das relações sistêmicas, o Xamanismo me ensinou a concordar com a vida como ela se apresenta, sem reclamar ou espernear como uma criança que não teve seu desejo atendido. Só sofremos quando resistimos à realidade e a rejeitamos.

A reunião dos caminhos sagrados

A partir da escrita de livros e da minha busca genuína por mais consciência pessoal, minha vida tem se transformado no sentido de reunir todas as práticas abordadas até agora. O que tenho vivido nos últimos anos é surpreendente até mesmo para mim.

Hoje minha arte se tornou mais consciente de seu aspecto transcendente, e vejo a espiritualidade em cada experiência. É uma relação direta com o Divino em tudo o que há. Sem intermediação de religião, mas sim num diálogo profundo com o aspecto intangível da vida. Toda a minha jornada como fruto de pais artistas e espiritualizados me levaram até um trabalho xamânico fundado na Arte e a uma abordagem da Constelação Familiar que se permite usar ferramentas artísticas, a TSFI. Assim, os caminhos da Arte, da Constelação Familiar e do Xamanismo se cruzaram como uma teia de afinidades tecida pela própria Vida.

Assumi com mais profundidade o autoconhecimento e permito a manifestação da expressão artística como parte do processo terapêutico. Afinal, a encenação da vida como ficção, desde sua origem, busca tocar os corações e transformar, e a Constelação faz isso de maneira potente. Quando juntamos as duas coisas, o que vemos é o teatro da vida real sem o distanciamento da máscara do ator, da maneira como eu sempre busquei em toda minha carreira.

Na outra ponta desse encontro de caminhos convergentes, podemos observar que Bert Hellinger, como aluno dedicado tanto dos fundadores da psicologia quanto de poetas e contadores de histórias, sempre utilizou a poesia e os mitos para ilustrar com mais profundidade a abordagem sistêmica.

A Constelação Familiar é expressão da alma e, portanto, irmã gêmea da Arte. Ambas podem ser consideradas retrato e/ou diagnóstico de dimensões psicológicas inconscientes, que se manifestam na vida cotidiana através da fenomenologia. Ela tem força de transformação inquestionável em qualquer ambiente desprovido de recursos cênicos, porém o teatro pode oferecer aos mais sensíveis as cores, os aromas, a música e o cenário que remete a mundos arquetípicos internos.

Epílogo

> *"Tudo o que é seu encontrará uma maneira de chegar até você."* — Chico Xavier

Nesse momento da minha jornada, entendi que as circunstâncias mudam o tempo todo. Porém, no meu universo interior, me dedico a cultivar os valores que se revelam pilares fundamentais toda vez que preciso de uma sustentação verdadeira para ultrapassar um desafio. Estou me lapidando interna, secreta e constantemente. E só eu posso fazer esse trabalho.

Comecei minha vida profissional dançando, me tornei atriz e quase me engessei nesse patamar. Felizmente algumas crises profundas estremeceram minhas bases cimentadas no mundo de ilusão, permitindo que a flor da Verdade brotasse na rachadura do solo árido da ignorância.

Os caminhos que se abriram e eu aceitei trilhar me trouxeram para uma convivência muito mais humana e equânime com as pessoas.

A Floresta me chamou e me revelou uma jornada de luz pela consciência. Meu coração voltou a bater, meus olhos se encheram de amor pela vida e passei a enxergar o sentido espiritual da existência, me rendendo a uma Inteligência Maior.

Vejo minhas sombras e não me assusto mais. Olho com amor e assim as ilumino para transformar. O Amor é a medicina mais poderosa que existe! É também a arma mais letal para a guerra. Onde entra o Amor, a guerra acaba.

O despertar do Amor Sistêmico

Amor é consciência, pois só é capaz de se abrir a Ele quem enxerga além das aparências. Quem iluminou suas ilusões e foi vitorioso na batalha interna. O troféu dessa conquista é a capacidade de manter o coração aberto, se permitindo ser atravessado pelo Amor que vem de uma fonte inesgotável. Ele é incondicional e brilha como o sol que ilumina a todos por igual.

Quando nos alinhamos com a visão do Amor Sistêmico nos perdoamos, deixando entrar a luz, e liberamos todos que estavam aprisionados como sombras na parede da caverna do nosso mundo interior. Enxergamos finalmente que cada um de nós constrói a si, o outro e a relação a cada instante.

A surpresa é encontrar depois de muitas voltas o essencial. O simples que no fundo já havíamos conhecido, mas pela necessidade de fazer a jornada, deixamos para trás. O fim do caminho é o início, mas um pouco transformado, pois já não somos os mesmos.

O Amor Sistêmico é o reconhecimento libertador de que somos Um.

Me dediquei a compartilhar o melhor dos meus estudos e transbordar meus sentimentos mais profundos e verdadeiros. Portanto, mesmo que o conteúdo tenha mexido com sua mente racional, o alvo sempre foi chegar no coração. Ele é o grande Mestre.

Te convido a nutrir essas sementes com seu olhar, deixando que brotem e floresçam como nova consciência. Quando o Amor flui a partir do seu coração, você recebe instantaneamente as maiores riquezas dessa experiência de realidade passageira, profunda e transformadora a que chamamos Vida.

Assim você descobre o que estava encoberto pelo véu da ilusão. Você é e sempre foi o Amor refletido de Deus. Deixe a luz trabalhar!

Agradecimentos

Agradeço ao meu empresário Marcus Montenegro e toda a equipe por terem sido ponte para a editora Maquinaria.

Agradeço aos meus editores Renata Sturm e Pedro Aranha por acreditarem nesse relato, assim como Vanessa Nagayoshi pelo olhar atento. A chegada dos três trouxe objetividade e tornou o processo ainda mais profundo e espiritual.

Agradeço também à amiga e colega facilitadora de Constelação Familiar, Maria Rita Pecucci, que fez uma leitura primorosa, trazendo sua contribuição.

Cada um de vocês faz parte de maneira valiosa!

Esta obra foi composta por Maquinaria Editorial nas famílias
tipográficas FreightText Pro, Basic Sans e Norman.
Impresso pela gráfica Vox em dezembro de 2024.